北京市城市规划设计研究院　资助出版

城市交通经典文丛

公共交通引导城市发展（TOD）国际案例经验分享

TRANSIT–ORIENTED DEVELOPMENT LEARNING FROM INTERNATIONAL CASE STUDIES

［加］雷恩·托马斯（Ren Thomas ）
［意］卢卡·贝托里尼（Luca Bertolini ）　　编著

北京市城市规划设计研究院　　组译

魏　贺　　许丹丹　　李慧轩
吕国玮　　涂　强　　吴丹婷　　　译
梁　弘　　崔旭川　　张晓东

机械工业出版社
CHINA MACHINE PRESS

本书以学习 TOD 国际经验为目标，基于 TOD 实施的现状和障碍，分析了规划人员在实践中的互动情况，总结了当前 TOD 政策学习面临的挑战。基于此，本书围绕 11 个案例，提出了 TOD 实施的关键成功要素（16 个 CSF），并将其用于荷兰两个城市研究的应用转化，阐述了差异背景下政策移植的关键所在。最后，本书通过总结 TOD 可持续性发展面临的挑战，提出了公平性 TOD（eTOD）的发展策略。本书为国际 TOD 经验的本土化提供了启示。

　　本书适用于城市、交通规划行业的工程技术人员和技术管理人员等阅读参考，也可供高校规划专业师生学习、研究参考。

First published in English under the title

Transit−Oriented Development: Learning from International Case Studies

by Ren Thomas, Luca Bertolini, edition: 1

Copyright © Ren Thomas and Luca Bertolini, 2020

This edition has been translated and published under licence from Springer Nature Switzerland AG.

北京市版权局著作权合同登记 图字：01-2021-5285 号。

图书在版编目（CIP）数据

公共交通引导城市发展（TOD）：国际案例经验分享 /（加）雷恩·托马斯（Ren Thomas），（意）卢卡·贝托里尼（Luca Bertolini）编著；北京市城市规划设计研究院组译 . — 北京：机械工业出版社，2022.7

（城市交通经典文丛）

书名原文：Transit−Oriented Development: Learning from International Case Studies

ISBN 978-7-111-71029-5

Ⅰ.①公… Ⅱ.①雷… ②卢… ③北… Ⅲ.①城市交通系统 – 公共交通系统 – 交通规划 – 案例 Ⅳ.① U491.1

中国版本图书馆CIP数据核字（2022）第102478号

机械工业出版社（北京市百万庄大街22号 邮政编码100037）
策划编辑：李 军　　　　　　　责任编辑：李 军　王 婕
责任校对：史静怡 王明欣　　　责任印制：常天培
天津翔远印刷有限公司印刷

2022年8月第1版第1次印刷
169mm×239mm·7.5印张·2插页·91千字
标准书号：ISBN 978-7-111-71029-5
定价：99.00元

电话服务　　　　　　　　　　网络服务
客服电话：010-88361066　　　机 工 官 网：www.cmpbook.com
　　　　　010-88379833　　　机 工 官 博：weibo.com/cmp1952
　　　　　010-68326294　　　金 书 网：www.golden-book.com
封底无防伪标均为盗版　　　机工教育服务网：www.cmpedu.com

推荐序

交通与人的生产生活息息相关，是城市形成和发展的关键支撑，是城市竞争力的重要体现，是城市生态宜居的必要条件，也是城市发展的永恒主题。英国学者迈克尔·汤姆森（J.Michael Thomson）在《城市布局与交通规划》一书中提出，交通是城市发展的战略问题。交通不只是为城市服务，同时也是城市的一部分，与城市的发展定位、空间布局、功能组织、生态景观等紧密联系。因此，交通应当与城市放在一起，而不应抽出来孤立地研究。

一方面，交通是优化城镇空间布局和形态的重要战略举措，通过构建高质量的交通网络，可以促进大中小城市和小城镇协调发展，实现经济社会发展的集约高效和可持续发展。2021年，中国城镇化水平达到64%，与1991年相比增幅137%，在短短的30年内实现了西方国家近百年的城镇化发展水平。在此期间，快速的城市化进程伴随着大量人口涌入城镇地区，尤其是汽车产业、高速公路等交通行业同期也快速发展，两者的叠加共振，给我国人口空间布局和国土空间格局带来了巨大的影响，也给城镇化空间布局和形态的优化带了诸多挑战。

另一方面，交通也是提升城市竞争力和调整空间格局的重要战略举措。随着经济全球化和区域一体化加速发展，交通对于提升城市在全球经济网络中的地位越来越重要，是城市竞争力的重要体现。为了增强交通对经济社会活动的服务和辐射能力，全球城市都在努力提升不同层级、不同方式的交通可达性和出行时间价值，以引导和适应城市规模、空间格局、功能组织等重大发展决策。

近些年，新城市主义运动给城镇化发展带来了新的思路。以美国彼得·卡尔索普（Peter Calthorpe）为代表的一批西方规划学者和实践者，倡导精明增长（Smart Growth）理念，积极推行以公共交通引导城市发展（Transit-Oriented Development，TOD）模式，以应对郊区化发展带来的小汽车爆发增长、空间无序蔓延等问题。早在1993版、2004版北京城市总体规划中，北京市就曾提出公共交通优先发展的战略，但是受制于当时经济社会的发展水平和人们的观念理念，交通与城市发展的协调性并未有效融合，对城镇化空间布局优化、空间格局调整等方面的适应性并未有机协同，人口集聚、交通拥堵、环境污染等"大城市病"问题日益凸显。

2017年，党中央国务院批复的《北京城市总体规划（2016年—2035年）》中进一步明确提出促进交通与城市协调发展的战略举措，从推进京津冀协同发展、建设以首都为核心的世界级城市群、构建"一核一主一副、两轴多点一区"等方面更加突出综合交通体系的引导、支撑、服务和保障。2020年，北京市作为世界银行全球环境基金（GEF）资助的中国可持续城市发展综合示范项目7个试点城市之一，以可持续发展为目标导向，开展TOD方面的研究工作，十分契合新时期首都规划转型发展与新版总体规划实施的战略部署。

我院作为"城市层面以公共交通引导城市发展（TOD）战略的制定与实施"项目承担单位，项目团队主动开展了国际城市发展经验方面的研究。然而，由于国内城市与欧美国家城市发展背景存在一定差异，如何从国际实践中深入提炼不同政策背景下可转移的经验是当前迫切需要解决的问题。本书正是国际上鲜有的以"TOD政策转移"为主题的优秀著作，对面向国际 TOD 发展中常面临的政策协调、开发成本及公众意见等问题，设计了案例的去背景与再背景化的技术方法，提供了具有可操作性的解决思路，创造性地提出了 TOD 政策转移中的关键成功因素清单。此外，本书还创新性地探讨了"公平性的 TOD"概念，为寻求人本导向下更加公平、可持续的城市发展模式开展了积极的探讨，值得深入关注。

博观而约取，思慎则存真。经验固好，然书之精华犹如数重物色包裹在里许，唯抽丝剥茧见其精髓，方能心中有数。希望本书可以给新时期我国国土空间规划、城市治理和 TOD 规划建设等工作提供有益参考，亦愿广大同仁"思之，辩之，实践之"，共同推进中国城市可持续发展。

杜立群

北京市城市规划设计研究院 副院长

2022 年 8 月

TOD

译者序

2012 年起，本书作者雷恩·托马斯（Ren Thomas）与卢卡·贝托里尼（Luca Bertolini）在荷兰开展了为期两年的 TOD 专题研究，该课题以推动 TOD 在荷兰成功实施为目标，受到了荷兰科学研究组织的资助。近期，为了进一步挖掘"TOD 层面存在的挑战与应对策略"，两位作者以 TOD 案例与文献为基础，编撰了本书。

TOD 已经成为国际城市规划领域的流行概念。研究和案例经验显示：一方面，TOD 对促进交通可持续转型、城市高效集约发展有着不可忽视的意义；另一方面，TOD 也不可避免地带来了一些新的城市问题，如当地居民迁移、可支付住房的流失等。此外，由于不同国家和地区的发展背景与文化差异，TOD 实施存在着诸如组织机制、资金困难、公众参与度不高等问题。

国内城市 TOD 的推行也同样面临挑战。本书作者雷恩·托马斯教授与卢卡·贝托里尼教授长期深耕保障性住房与交通 – 城市规划整合研究，倡导人性化、可持续和公平的城市。他们结合以往 TOD 开展经验，将研究成果与见解融于本书，提出了 TOD 国际经验本土化的解决思路，并基于 TOD 的现状挑战总结了相应的发展策略，提出了"公平的 TOD"的概念。我们认为也希望这些经验和思考可以为国内 TOD 的实施提供一些启示和参考。

本书共设 5 个章节，分别为 TOD 理念概要、政策学习：规划者如何互相学习、国际案例研究、持续性挑战和潜在解决办法：公平的

TOD、结语。各章内容安排如下：

第 1 章讨论了 TOD 的概念、特点，TOD 实施现状以及 TOD 实施障碍，最后详细介绍了作者在 TOD 实施层面的研究基础。第 2 章首先概述了规划人员在实践与研究中的互动方式，特别是案例研究与政策学习过程；然后讨论了这些方法所面临的挑战，最后针对案例经验的有效提取给出建议。第 3 章首先介绍了 11 个案例研究，包括每个城市区域的简要概况和元分析；其次提出了 16 个 TOD 实施的关键成功因素；最后讨论了如何在荷兰两个城市实现研究结果的应用转化。第 4 章首先总结了 11 个案例研究、来自市政当局的挑战和解决方案的例子，扩大了可用于学习和启发的潜在政策的范围；其次作者特别关注了 TOD 公平性的挑战，这是近年来许多国家面临的挑战，也是美国政策创新的关键领域。在最后一章中，作者给出了本书的结论。

在本书出版过程中，众多专家、学者与专业团队指导、帮助良多。

感谢本书作者雷恩·托马斯教授与卢卡·贝托里尼教授对于 TOD 领域知识传播的全力支持。

感谢本书责任单位北京市城市规划设计研究院提供的出版资助，感谢院内专家们提供的专业建议。

感谢北京外交学院李稀傲老师团队在本书语言校核过程中提供的专业帮助。

特别感谢本书从意向沟通直至出版过程中，中国农业大学吕国玮老师的协助交流支持。

后续，我院 TOD 课题组也将继续择良书入库，持续为国内相关领域的读者分享、传播、交流知识，为城市可持续发展提供力量。

城市层面以公共交通为导向的城市发展（TOD）课题组
北京市城市规划设计研究院
2022 年 8 月

TOD

中文版序言

　　我们的研究"iTOD：推动以公共交通为导向的发展"的初衷是为了帮助荷兰规划者从国际案例研究中进行学习，以制定他们本地的解决方案。本书通过对11个案例（东京、珀斯、墨尔本、蒙特利尔、温哥华、多伦多、那不勒斯、哥本哈根、阿姆斯特丹-乌特勒支、鹿特丹-海牙和阿纳姆-奈梅亨）进行元分析，为许多国家的规划者提供了政策学习的机会。中国正在经历迅速城市化的阶段，这给规划者带来了生态、社会和经济可持续性等方面的重大挑战。正如其他国家一样，中国的规划师、工程师和开发商所做的选择也会造成一些长期性后果，因此，"如何在城市地区大规模建设基础设施的同时保持高质量的生活"将成为城市发展的重要议题。大量的温室气体排放，快速增长的中产阶层，以及大规模的经济增长，这些因素都将继续影响未来高效、可持续和公平的交通方式发展。

　　在中国，许多地区已经利用TOD来解决当前面临的可持续性挑战。这些城市和地区旨在减少汽车驾驶、减少汽车停车需求、降低交通拥堵和污染，并增加公共交通客流量、提升公共交通票价收入、提供出行选择和就业渠道。这些地区出台了相关政策以支持沿现状与未来公共交通线路的高密度开发，制定了在城市分区和其他导则中支持TOD的工具，并推出了建设交通基础设施以及在车站/交通走廊上开发高密度混合用途建筑的税收优惠方案。TOD不是一个神奇的解决方案，相反，它是诸多概念和工具的其中之一——被用来推动更高效、生态可持续区域的发展。交通仍然是导致环境污染的重要领域之一，通过主动交通引导、交通需求管理以及拥堵定价等方法也可以减少交通对环境的影响，这些方法通常与 TOD 结合使用。

近年来，中国的城市和地区持续推进基础设施发展，以期更好地服务其不断增长的城市人口。数万千米轨道交通设施的建成，进一步支撑了区域通勤及国际旅客出行。这种飞速发展对于其他国家来说是遥不可及的——这些国家的基础设施建设往往要耗费更多的时间和成本。

尽管如此，TOD 实施的挑战依然存在：在我们对全球 11 个城市区域的比较中，我们发现了与规划、政策和工具有关的挑战；参与 TOD 的不同组织以及它们之间合作的挑战；以及实际实施过程的挑战等。例如，尽管在加拿大和美国都有专门的联邦资金用于地方和区域交通基础设施项目，但许多资金流仍然倾向于道路和公路的发展，而非公共交通发展。除了薄弱的政治支持和长期战略的不一致之外，公众对交通基础设施的反对和建筑密度的增加是许多国家地方和地区政府面临的重大挑战。一些持续存在的复杂问题，如交通走廊和车站地区可支付住房、本地企业的流失，使社区倡导者有理由抗议在其社区建设新的交通基础设施。这些经验反过来又激发了他们自己的解决方案，特别是在美国城市。例如，交通当局或市政当局购买和维护交通基础设施附近的可支付住房，规划法规鼓励这些地区的可支付住房，并与社区组织合作以实现公共利益。

政策学习是规划中最常用的方法之一，在研究和实践中都是如此。希望这个过程可以帮助中国城市以自己的方式成长和发展，从而拥有高效、可持续且尊重当地居民需求的交通、土地一体化基础设施。了解其他地区所面临的挑战，以及他们如何克服这些挑战来推进 TOD，有助于将 TOD 原则和实践运用于自己的城市和地区。

雷恩·托马斯（Ren Thomas）

2022 年 8 月

TOD

目 录

第 1 章
TOD 理念概要

第 2 章
政策学习：规划者如何互相学习

第 3 章
国际案例研究

第 4 章
持续性挑战和潜在解决办法：公平的 TOD

第 5 章
结语

第**1**章

TOD 理念概要

　　摘要： 以公共交通为导向的发展（Transit-Oriented Development，TOD）理念已然成为一个流行的概念。它是一个复杂的过程和策略，有助于发展更加可持续的交通模式、减少排放，并且提升区域间的连通性。相当多的家庭愿意居住在靠近公共交通的高密度住宅中。然而，TOD 也造成了新开发地区站点周边本地居民迁移、可支付住房流失，以及对当地商业运营的干扰。同时，TOD 也深受过度复杂的开发程序、资金困难和建设工程挑战，以及对城市复兴不切实际的期待等因素影响。在这一章节，我们将讨论 TOD 的特征，世界各个城市当前的实践现状，以及其实施所面临的障碍。在这一章的最后，我们将详细介绍关于 TOD 实施的两年追踪研究，并概述本书的其余章节。

　　关键词： 高密度，交通，混合使用，邻里社区，步行友好

　　由于 TOD 理念可以将大容量公共交通、高效的交通运输服务和高密度开发整合在一起，其在规划师、开发商和工程师之间迅速成为一种流行的概念。政治家和"城市推动者"把 TOD 理念作为城市更新策略，而一些社区和活动家则在抵制 TOD，这是因为其带来了公共交通站点周边地区本地居民迁移、可支付住房流失、地方商业被干扰等影响。

如同大多数规划理念，TOD 既不是"救世主"，也不是"恶魔"。TOD 是一种复杂的程序和策略，有利于促进更加可持续的出行方式、减少尾气排放、提升区域连通性等，同时也受到过度复杂的开发建设程序、资金困难和建设工程挑战，以及对城市复兴不切实际的期望等影响。本书将 TOD 作为一种政策概念并部分基于阿姆斯特丹大学（2012—2014 年）的深入研究成果展开讨论。本研究的目标是基于一系列国际案例分析来探究 TOD 概念是如何实施的，以期为荷兰 TOD 的突破提供帮助。

本章主要讨论 TOD 的特征、国际实施现状和实施过程中的障碍，最后详细介绍研究成果和全部章节的框架体系。

1.1

什么是 TOD？城市为什么采用 TOD？

尽管大部分读者对 TOD 有一定了解，并且想学习更多相关概念，我们还是希望能够确保每一位读者对 TOD 这一术语具有相同的理解。

TOD 是指紧邻公共交通设施的高密度、混合开发区域。彼得·卡尔索普提出了 TOD 的概念，并在其著作《下一个美国都市：生态、社区、美国梦》[*The Next American Metropolis：Ecology, Community, and the American Dream*（1993）] 中进行了详细介绍。美国的公共交通导向发展中心（US-Based Center for Transit-Oriented Development，CTOD）是一个国家层面的 TOD 联盟组织，其与社区技术与战略经济中心（The Center for Neighbourhood Technology and Strategic Economics，CNTSE）联合，并由美国联邦政府资助。CTOD 将 TOD 定义如下：

一种集居住、办公、零售及其他商业开发、生活设施等多种混合功能于一体的社区开发类型，且位于高质量公共交通服务 800m 半径范围内、步行友好的邻里社区。

若觉得这一理念听上去很熟悉，那是因为在汽车出现以前，世界上很多城市都是采取这种模式建设的。在 20 世纪 50 年代以前，步行友好、小尺度邻里社区和街道的建设模式十分普遍，如今还可以在世界上许多城市的历史街区中体验到。因此，彼得·卡尔索普认为自己是一名 TOD 复兴者而不是创造者。作为持续几十年的机动车导向发展的应对之策，现代 TOD 最初基于轨道的概念产生，其注重站点周边的集约开发，基于"以高密度交通走廊重构城市"的前提，达到保护土地、减少汽车使用、遏制城市蔓延以及适应区域增长等效果。

CTOD 提出人口结构变化和随之引发的居住偏好变化是城市采用 TOD 理念的另一原因。增长最快的家庭类型不再是一对父母和两个孩子的模式，这一类型目前仅占美国和加拿大家庭结构的 25%。没有子女的夫妇、单亲家庭、单身家庭、老年人、移民家庭等的快速增加对公共交通产生巨大的需求。从历史发展来看，这些家庭乘坐公共交通的概率都高于一对父母和两个孩子的家庭。一项美国联邦层面的研究表明，2030 年将有 40% 的美国家庭希望选择临近公共交通的高密度住宅。居住在 TOD 附近的人群汽车拥有水平较低且家庭规模较小。

当前 TOD 已经演化为包括小规模开发建设的模式，如步行道、自行车停车区和自行车道，以及一些公共区域。这些公共区域不仅支持大容量轨道交通，而且支持当地公交车、有轨电车，以及步行和自行车等非机动交通。加拿大温哥华交通运输部门大温运联（TransLink）把 TOD 概念拓展为"公共交通导向发展的社区"，意味着不只是大规模站点区域发展需要更高的密度、混合开发、高品质城市设计等，这些特征实际上可以在一个区域范围内以各种规模进行整合。在欧洲，TOD 已经演化为一种区域性和网络化工具，依靠区域服务而不是轻轨交通。在某些城市和国家，TOD 是用于增长管理和交通需求管理的区域性方法，目的在于聚焦存量增长，而非新的扩张。

作为一种理念，TOD 所具备的特征吸引着包括环境、健康、经济发展、房地产、区域交通等方面的机构和从业者。舒茨（Schuetz）等提出："城市和县级政府（及许多选民）把轨道交通作为缓解交通拥堵、重塑城市结构、营造宜居城市和促进经济发展的关键"。实际上，TOD 的效益主要包括：

1）减少汽车出行及停车需求、缓解区域交通拥堵、降低空气污染及温室气体排放等。

2）提升公共交通客流量、增加公共交通票务收入、提高公共交通竞争力、增加出行选择、提升临近 TOD 区域的房地产价值，以及提高就业岗位可达性等。

3）步行友好社区和紧凑式城市开发有利于公共交通、步行和自行车出行方式选择。

当低密度、以汽车导向开发的区域和国家实施 TOD 时，将面临诸多挑战。对现有案例的研究结果显示，在预期效益方面利弊共存。即使在开发密度较高的国家和地区，实施过程也面临着挑战。成功的 TOD 案例被归纳为 5D 原则：密度、多样性、设计、距离和可达性。每一种原则都会对 TOD 附近的公共交通客流量带来影响。

1）密度是一种单位面积相关变量，比如人口规模、居住单元、就业岗位等。TOD 对新的居住人口和就业岗位增加具有巨大的推动力，但实际上，这是一件非常复杂的事情，尤其当交通设施存在于一个低密度、汽车导向开发的区域，或区域公共交通网络能力有限的地区。例如，达维（Dovey）在对澳大利亚墨尔本6个有轨电车廊道的研究工作中提出，如果沿线走廊所有用地可以增加开发强度，最高可以增加4.5万套居住单元。然而，由于墨尔本仍在采取向外扩张的模式，实际上只是增加了2500套。伦恩（Renne）指出截至2010年，美国在39个大都市区内斥巨资建设了4400个客运轨道车站，但是仅有36%的车站周边实现每英亩⊖8套居住单元的最低密度，这是支持公共交通使用的最低水平。如果全部车站周边都达到每英亩8套居住单元的水平，就可以为900万美国人创造额外的住房资源。

2）多样性是指一定范围内不同土地使用类型的数量以及这些用地在用地面积、容积率或者就业人口等方面的表现程度，例如多样性水平低代表土地使用类型趋向单一。就业与居住人口、就业与就业人口之间的关系一般不会被用来衡量多样性。在实施单一区划、汽车导向等理念开发建设多年的大都市区，很难分析多样性水平。例如，舒茨在美国洛杉矶的5个案例研究中发现，高地公园（Highland Park）邻里社区规划"将开发建设描绘为一种可以控制的挑战，而不是一个期望的结果"。该规划强调分离商业和居住用地，并且要求增加停车位供给，而一个孤立的TOD社区规划强调了保护历史街区特点的重要性。

3）设计是指街道网络特征，比如，街区大小、十字交叉口占比和密度等。此外，步行道覆盖率、建筑物平均退线值、街道平均宽度等通常也被用来衡量设计水平。高质量城市设计已经成为美国新开发建设的特征，这些项目往往具有20世纪50年代的主要街道外观和感觉，包括一系列鼓励步行和骑行的特征。达维提出：

加强精细化土地使用混合开发的价值导向已经被纳入新城市主义、

　⊖ "英亩"的单位符号为acre，1acre=4046.856m²。

TOD 和主要街道复兴项目等最新的城市设计发展要求中。

欧文（Ewing）和塞维罗（Cervero）发现，交叉口密度、目的地步行可达范围等特征极大地影响步行水平。这些特征也可带来较低水平的车辆行驶里程（VMT）。

4）到达公共交通站点的距离。通常情况下，美国将 800m 作为乘客步行到达地铁、轻轨等大运量公共交通车站的最大可接受距离，而对于常规公交车站，这个距离是 400m。然而，步行偏好因目的地、出行目的、性别、年龄、用地功能、安全性、天气、停车位供给和价格、工作和服务设施密度等因素而异。同时，在地理、文化等层面也存在一定的差异性。格雷拉（Guerra）和 塞维罗（Cervero）发现，800m 在美国是一个相对可信的公共交通站点服务半径的测量值；而克尔（Ker）和金恩（Ginn）发现，这一数值在澳大利亚珀斯则是 1000m。采用自行车方式到达公共交通站点的乘客则可接受更远的距离。Lee 等专家在韩国的研究中发现，首尔和大邱公共交通乘客会从 2000m 以外骑行到达车站，而荷兰学者发现这个距离在荷兰可以达到 3600m。

5）可达性是指到达目的地的难易程度，包括区域性和地点性。通常采用到达中央商务区（CBD）的距离、一定交通时间内就业岗位覆盖的数量等进行测量。例如，德布罗塞尔（Deboosere）发现在大多伦多和哈密尔顿地区就业机会高、就业竞争对手少的社区居民的通勤时间最短。区域人口密度和就业岗位密度增加与劳动力高可达性紧密相关。作者提出"可达性导向开发"的观点，需要在就业机会和劳动力之间平衡可达性；为了达到这一平衡，规划师们可以划定一些特定 TOD 地区为就业人员提供潜在住房或者新建、改建公共交通来调整社区的可选择性。吉尼迪（EI-Geneidy）关于大多伦多和哈密尔顿地区社会环境较差的社区公共交通可达性研究显示，该地区居民具有平等或者更好的就业可达性，与社会环境较好的社区相比通勤时间更短。

欧文和塞维罗发现，距离市中心的距离与 VMT 存在正相关性。在美国 4 个都市区的 17 个 TOD 案例分析中，他们发现居住在 TOD 周边地区的汽车出行比例降低了 50%。科内萨（Conesa）对法国北部加莱大区的研究显示，相比于轨道交通，通过公交车、步行和自行车出行可以让政策制定者提升城市可达性，且对于小城市更具备成本方面的可操作性。

总体来讲，坚持 5D 原则的 TOD 通常会更成功，但是在特定空间范围、地理、文化等范畴下却难以实现。为此，世界上不同城市和区域都在探索实施 TOD 的各种策略。

1.2

为了实施 TOD，城市和地区正在采取哪些措施？

很多城市和地区实施 TOD 的主要步骤是扩展交通网络，以带动站点周边的发展。近年来，洛杉矶、首尔和深圳等城市建设了大量轨道类基础设施，还有一些城市目前正在整合快速公共交通系统和轻轨线路（如多伦多、渥太华、波特兰）。在各大城市中，将高频次的公共交通网络与当地公交线路整合变得更加普遍：克雷默（Kramer）在她的比较研究中使用了美国和加拿大的 17 个城市中发车间隔为 15min 的全天公共交通服务。欧文和塞维罗指出"普遍的共识是，以 10min 为发车间隔的公共交通服务能够理想地支撑以公共交通为主导的生活方式。"在丹佛，TOD 被划分成了五种类型（核心城区、中心城区、城区、城市、郊区），并据此在公共交通线路沿线实施了相应特定的政策，例如在市中心车站周边地区给予更高的区划补贴和在郊区站点周边实施更宽的建筑红线。在俄勒冈州波特兰市的有轨电车线路建设完成后，离有轨电车站较近的房产的开发密度达到了允许开发密度的 90%，而在几个街区之外仅为 43%。西雅图中央铁路，华盛顿特区银线，夏洛特和北卡罗来纳州的蓝线依据规划都沿着整个走廊引导增长和发展。

许多国家也实施了地区和地方性的规划和政策。在欧洲，抑制城市蔓延、提升公共交通客流、区域增长和多中心发展等政策通常被纳入一个区域策略中，以引导出行需求向公共交通转变。在澳大利亚的珀斯和墨尔本，区域规划和具体的 TOD 政策都强调了公共交通沿线及活动中心的增长。在新泽西州，村庄公共交通倡议为社区提供激励、技术和机构协调方面的支持。温哥华市在住房战略中将可支付住房的选址与高频次的公共交通网络进行了整合。

各城市政府已经尝试了一系列的工具来准许和鼓励 TOD 模式，例如通过转让一部分上空权、开发权、给予密度奖励、加快审批开发提案。在特定的情境下，这些手段可能会产生可喜的效果。例如，尽管我们一般假设新的轨道站点应该建在已有的高密度社区，因为那里已经具有较大的公共交通客流量，但是在中国并非如此。杨（Yang）等人指出深圳市实际上会选择在开发程度相对较低的区域建设轨道线，有时甚至会绕过市中心。在美国城市，高密度的开发区房地产价值更高，因此政府更有动力鼓励这些地方的开发，进而产生更高的房地产税，同时开发商也更有动力在这些地方进行开发，在项目完成后能获取更高的租金。但是中国并未正式征收房地产税，相反，政府拥有土地的所有权，并将其使用权出让给开发商进行开发，以增加财政收入。然后，城市在两个区域（站点周边 200m 范围内和 500m 范围内）提供容积率奖励，为了鼓励 TOD 模式，通常 200m 范围内密度最高。在中国香港，新站点开通后，站点周边的待开发用地比填充式开发用地的人口增长更快，但站点周边区域比填充区域的平均人口密度低 63.2%。

许多城市出台了相关的城市设计导则来促进公共交通线路周边的步行友好社区发展。开发商更愿意将公共交通的出入口与步行可达性联系在一起，他们看到了很多步行友好社区的市场需求；开发商、规划师和居民都认同公共交通和 TOD 在增加步行友好方面的价值。市政官员将 TOD 看作一种提高城市生活质量和提升社区认同感的方式。在他们的研究中，新泽西州的 4 个 TOD 社区的居民指出，他们有更多的机会遇见邻居和当地的店主，因为相比于搬到该社区前，他们现在更愿意步行了。然而：

参与者认为，尽管 TOD 的发展通常伴随餐馆和酒吧这类形式的商业出现，但他们更希望能看到更多的本地零售业销售基本的生活必需品。

作者同样注意到，居民们对所在社区内的步行安全提出了一些担忧，主要是针对缺乏或维护不善的人行道和存在安全隐患的十字路口。许多 TOD 项目的所在区域并不一定是步行友好或是交通便利的，加之当地商业的迁移，这些都可能带来挑战。

尽管各方通过规划、政策、导则来支持 TOD 发展，但它的实施和完成仍面临诸多困难。

1.3

TOD 实施所面临的阻碍

在很多城市和地区，TOD 实施都没有达到预期结果。例如，杨（Yang）和波亚尼（Pojani）发现，澳大利亚布里斯班车站地区的就业增长趋势非常平缓，而实际上该地区的人口和住房密度却低于没有 TOD 的区域。在荷兰，持续的经济危机、对于 TOD 学术和政策共识的缺乏、地区治理机构薄弱、车站区域办公空间的过剩、住宅开发供需失衡，都是 TOD 的关键阻碍。本节将介绍 TOD 实现过程中面临的一些主要障碍。

1.3.1 区划和其他管理问题

在那些以私人汽车和郊区到城市通勤为主导规划的城市，在土地使用和开发方面有大量有利于汽车的规定：

在许多城市和公共交通区域，TOD 模式（例如混合使用、高密度、减少停车）仍然是不合法的，这显然为开发造成了障碍。

一个很好的例子就是停车配建标准。尽管公共交通附近的开发可能会减少汽车使用，但城市规划中通常对每个住房单元的停车位配比做出了要求，制定这些标准的基本原则是假设每个家庭至少拥有一辆或多辆汽车。在建成区建设停车位是相当昂贵的，高停车率会导致开发商利润下滑、费用升高等。欧文和塞维罗估计，若依据 TOD 模式在轨道站点周围的住宅车位配比减少 50%，那么密度可提升 20%~33%（取决于不同的建筑类型）。他们指出，"实际建成的 TOD 开发项目确实比预期更加昂贵且不可持续，因为它们错误地估计了会产生的交通影响。"

查特曼（Chatman）发现新泽西州火车站周围路外和路侧停车位的激增影响了私家车的保有率。稀缺的路侧停车位导致私家车通勤量降低 40%；只有当停车位也稀缺时，轨道交通才能降低汽车的保有率，即使这样，居民使用私家车进行通勤或日用品采购的出行量仍然维持在同样的水平。在一篇带有些许煽动性标题的文章"公共交通导向的发展需要公共交通吗？"中，查特曼表示，对于减少温室气体的排放来说，建造更小的建筑单元、减少停车位、提供更好的公交服务、提高就业密度，可能是比发展 TOD 模式更好的策略。开发商发现，宽松的停车规定和更高的密度上限对促成 TOD 地区可支付住房项目推进是十分重要的。

无论规模大小，地块的大小和形状都可能成为 TOD 的障碍。多维耶特（Doveyet）等人发现，在墨尔本的有轨电车走廊上，小地块的效益和利润较低，非常狭窄的地块也会不利于集约化。集中开发大多发生在中型地块，不过宽阔的地块和边角地块同时也对集中开发很有吸引力，并且会显著提高密度。

舒茨等人在他们研究的 5 个洛杉矶站点地区发现了很多令人困惑的情况；例如，在某些情况下，新建建筑所允许的密度比现有结构更低。5 个站点之间区划的不协调成为开发商面临的真正挑战，包括复杂的规则和程序、不确定性和冗长的流程。因此，洛杉矶站点周边的再开发往往需要很多年，并且主要取决于以下几个因素：

TOD 再开发的可能性、形式和时机取决于相适应的区划、强大的房地产市场和当地政府机构的积极参与和（在大多数情况下）来自社区居民的政治支持。

1.3.2　政策一致性与规划协调性

在区域规模上，交通投资和土地使用之间缺乏协调是 TOD 的一个重要障碍。交通、土地使用和住房开发和规划往往是分开进行的。不同的市级部门或各级政府，以及私营部门合作伙伴，往往有相互冲突的价值观和目标。由于缺少广泛的、地区级的手段减少汽车的使用，很多城市 TOD 的实施因此受限。例如，在澳大利亚的珀斯，由于轨道站停车场充足，以及在 TOD 地区（如苏比亚科车站区）以外的地区缺乏交通服务和便利设施，客流的增长一直很困难。格里菲斯（Griffiths）和柯蒂斯（Curtis）注意到，"一个单一的 TOD 区域，如果在都市（城市）层面没有协同改变，就不能完全发挥 TOD 的功能。"欧文和塞维罗发现，TOD 地区居民乘坐公共交通上班的比例是该地区其他通勤方式的 2~5 倍。但是公共交通分担率从 5%~50% 不等，主要取决于汽车出行的相对时间和该地区的公共交通覆盖范围：

产生最高通勤客流量的系统也具有最高比例的区域就业机会，这些就业机会由快速公共交通推动。

对于 TOD 开发选址缺乏统一意见，同样也是站点开发一直以来所面临的严重阻碍。政府或者交通部门可能不得不征用站点地区的土地或者将其合并用于大规模开发，这通常很困难并且耗时。

如果 TOD 是为了实现区域目标，例如减少小汽车使用或者城市蔓延，我们需要比独立站点更大的规模，与调控城市增长、居住和就业地区发展的工具、政策和规划相协调。

1.3.3 成本

在建成区建设轨道交通的基础设施是非常昂贵和耗时的。中等城市和地区通常支付不起轨道基础设施建设资金，这是它们倾向于支持快速公交和轻轨交通的原因之一。即使是在大都市区或在交通基础设施方面有较多预算的国家，政府也常常与私营部门合作，为站点的开发提供资金支持。

TOD 项目的复杂性也增加了开发者的成本。根据来自明尼阿波利斯圣保罗的住宅及商业开发者的反馈，TOD 地区增长的成本、复杂度和监管流程的冗长性都使得开发者在这些地区的建设变得更加困难。尽管 TOD 项目内的可支付住房很难获得资金的支持，但作者发现了开发中"潜在的交通出行需求"。总体来说,他们发现了由于上述原因所造成的"TOD 项目供给的人为限制"。查普尔(Chapple)和卢凯图·塞德里斯(Loukaitou-Sideris)指出,在许多美国 TOD 项目中,购买和整合土地的成本较高、车站附近缺乏可开发的土地,以及不景气的房地产市场都持续阻碍公共交通站点建设完成后的混合开发。

为了使站点地区的建设对开发商更具吸引力,已经有一些金融工具投入使用,例如增税融资(TIF),它允许市政府利用预期增加的税收收入为开发提供资金支持。密度奖励允许开发商在站点地区或交通廊道上建造更高的建筑,从而开发出更加高效以及高收益的项目。

1.3.4　公众的反对

在铁路时代(1850—1920 年),美国、加拿大和英国等国家以乡村为主,用于城市建设的土地很少。事实上,在维多利亚时代,美国和加拿大建设横穿全国铁路的一个主要动机就是将这些散落的地区连接起来,这样自然资源和工业制成品就可以快速、便捷地运输。当时政府并没有制定法规来指导铁路去往何处,与此同时,为了促进国家发展和经济利益,公众普遍支持铁路项目的建设。尽管贯穿全国的铁路线是由国家政府支持的,但城市内的电车线路却是由小型私营公司开发和运营的。在较大的城市中,地铁线路和房地产开发相辅相成,有时由同一个公司负责,例如伦敦地铁,有许多亚洲城市目前仍然是遵循此种模式。当时用以支持电车或地铁的廊道性土地开发的模式,是今天包括 TOD 在内的新传统开发模式的基础。那些开发有轨电车线路的私营公司以开发轨道沿线的地块来为其建设提供资金支持。

但是自 1945 年起,高速公路时代到来,大型基础设施项目(特别是高速公路和公共住宅项目)引发了大量低收入社区的迁移与破坏。有关居民和其他群体开始质疑大规模基础设施项目的好处，并且在很多情况下，社区活动家都成功阻止了项目的建设：如温哥华、多伦多、旧金山和纽约等北美城市和如阿姆斯特丹、哥本哈根、苏黎世、慕尼黑等欧洲城市的活动家都曾阻止了高速公路的建设。到 20 世纪 60 年代，城市土地使用规划逐步确立，并且大多数城市和地区都有了综合规划。大型基础设施项目背后的资金来源通常是联邦和州/省的交通部门，他们必须遵守当地规定，即在城市的何处可以建造何种建筑。现在社区居民普遍反对交通基础设施建设，无论是自行车道、公交车道、轻轨线还是火车站。居民还有可能反对一系列变化，例如增加密度、改变城市设计特色或者降低停车水平等，而这些恰恰是常被纳入 TOD 项目的因素。尽管一些国家可能并不寻求公众支持或认为其不必要，但是对项目的反对意见仍常常出现。

1.3.5　可支付住房的流失

可支付住房的流失仍是 TOD 项目深度推进的一个重要阻碍，尽管考虑各个国家国情在这方面非常重要。例如，在公共住房存量比例较高的欧洲和亚洲城市，这个问题就不那么突出了。确实，正如斯德哥尔摩和香港等以轨道为基础的新城镇一样，在一些城市中，TOD 项目可能是社会住房发展的一个组成部分。但是在住房供应以私人市场为主的美国、加拿大、澳大利亚和英国，公共交通走廊和站点地区租金上涨十分令人担忧。在美国，开发商认为 TOD 项目是一个"利基市场"，也就是说它吸引着一小部分明确的人群，比如拥有较高教育水平和较高收入水平的年轻家庭。无车生活方式和步行社区的吸引力日益增加，再加上它们相对稀缺，使得 TOD 和公共交通走廊（如轻轨沿线）愈加高昂，令低收入家庭无法支付。

2007 年，CTOD 提出，美国城市需要迅速采取行动，在公共交通线路附近保留可支付住房，因为低收入家庭更有可能乘坐公共交通工具，而且他们的汽车保有率较低。克雷默对美国和加拿大的 17 个大城市进行了分析，以确定高频次的公共交通网络（定义为早上 7 点到晚上7 点之间，每 15min 一班）和社会经济状况之间的关系。

她发现本地公共交通线路 500m 范围内或是快速公共交通站点周边1000m 范围内存在"更久远更密集的住房存量、更高的租金，并且居住着种族更多元化、低收入的人群"，但是这个范围内的住房支出并没有相应变得更少。在很多情况下，家庭必须在可支付性交通和可支付住房之间做出选择。当地商店也面临风险：查普尔等人发现，由于租金上涨给当地商人带来了更大的压力，洛杉矶和旧金山的商业逐渐呈现士绅化。采访显示，这里居民迁移的主要原因是不断上涨的租金，而非便利的公共交通。

CTOD 在其混合收入住房行动指南中建议，社区倡导者、政策制定者和决策者需要收集人口、住房存量、市场状况、土地供应和政策环境等数据，以了解如何在考虑推进 TOD 项目的地区保护可支付住房。他们推出了一系列政策工具，可用于使房地产市场"升温"和"冷却"，包括减少停车，减免可支付住房税收，以及减免费用和延期支付。例如，在俄亥俄州的克利夫兰，其交通管理局与当地的开发公司合作促进发展，包括沿快速公交系统（BRT）健康线沿线的市价住房和可支付住房等选择。在旧金山，五家非营利组织和两家地区性基金会合作创建了湾区公共交通可支付住房基金（Bay Area Transit-Oriented Affordable Housing Fund），用于购买公共交通便利区域附近的可支付住房。更多有关 TOD 公平性的例子将在第 4 章讨论。

1.4

结论

TOD 已经成为规划师、开发商和工程师中的一个流行概念。然而，像大多数规划概念一样，TOD 也面临着挑战。虽然 TOD 社区并不新鲜，但回归这种发展方式确实存在挑战，特别是在大部分土地在汽车时代就已被开发和居住的国家。

TOD 曾经被认为是一个基于轨道站点的概念，现在已经发展到包括小规模开发，如步行道、自行车停车区和自行车道，也包括一些公共空间，不仅支持高容量的大都市铁路使用，也支持当地公共汽车、有轨电车和非机动车等出行方式，如步行和自行车。拥有 5D（密度、多样性、设计、距离、可达性）的 TOD 项目通常更成功。世界各地的城市和地区已经实施了多种策略来支持 TOD 项目发展，包括更广泛的交通网络，区域性及地方性规划和政策，鼓励或允许 TOD 项目开发的工具，以及城市设计指南等来促进公共交通周围步行社区发展。

然而，TOD 项目的实施以及很多预期目标的达成，仍然具有挑战性。尽管在实施 TOD 方面做出了上述努力，但许多城市和地区并没有看到可喜的结果。围绕私人汽车和城郊通勤进行规划的城市，在土地使用和开发方面有大量有利于汽车的规定，例如停车要求，以及规定分离住宅和商业用地的区划。公共交通投资和土地使用在区域规模上缺乏协调是 TOD 项目推进的一个重要障碍。在建成区，轨道交通的基础设施建设非常昂贵且耗时，而且公众对 TOD 项目的反对司空见惯。此外，如若要保持公共交通可达社区的包容性和多样性，TOD 项目中可支付住房的流失是一个需要解决的重大问题。

1.5

本书的结构

在接下来的章节中，我们将深入研究 TOD。我们基于荷兰展开研究了 TOD 项目成功实施的案例，并将这些想法应用于荷兰。虽然我们的研究重点是将其他国家有关 TOD 的想法引入荷兰，但我们认为研究结果也适用于其他地方。我们的案例研究是国际城市和区域，包含 TOD 项目实施中的一系列"成功"和"失败"的情况；总体来说，它们是交通和土地使用规划者感兴趣的案例。正如本章所讨论的，许多城市和国家在实施 TOD 项目时面临类似的障碍，因此从其他地方获取的经验教训可能是有帮助的。我们所使用的方法可以很容易地适用于其他背景，因为对 TOD 项目的深入研究是比较常见的：在许多国家，可以对已完成的案例研究进行结构化比较，正如把政策从国际社会移用到当地城市或地区政府一样。

我们为期两年的研究（2012—2014 年） 获得了荷兰科学研究组织（Nederlandse Organisation voor Wetenschappelijk Onderzoek）资助，以试图了解如何在荷兰实施 TOD 方面取得突破。这项研究分为三个部分，由三个研究小组同时进行。

第一部分研究了在国际案例中推动 TOD 实施的参与方、政策和治理安排，由阿姆斯特丹大学的研究人员着手推进。第二部分确定并测试了公共和 / 或自由财政安排和工具，以鼓励 TOD 的实施，并在奈梅亨的拉德堡德大学进行。第三部分探讨了成功的 TOD 项目的设计特点，由代尔夫特技术大学的研究人员负责。论述研究中的第一部分，已经发表了四篇同行评审的文章：

- Thomas, R. and Bertolini, L. 2014. Beyond the case study dilemma in urban planning：Using a meta-matrix to distil critical success fac- tors in transit-oriented development. Urban Policy and Research, 1 INTRODUCTION TO TRANSIT-ORIENTED DEVELOPMENT 1732（2）: 219–237. doi: https: //doi.org/10.1 080/08111146.2014.882256

- Thomas, R. and Bertolini, L. 2015. Policy transfer among planners in transit-oriented development. *Town Planning Review*, 86（5）: 537–560. DOI: https: //doi.org/10.3828/tpr.2015.32

- Thomas, R. and Bertolini, L. 2015. Defining critical success factors in TOD implementation using rough set analysis. *Journal of Transport and Land Use*, 10（1）: 139–154. DOI: https: //doi. org/10.5198/jtlu.2015.513

- Thomas, R., Pojani, D., Lenferink, S., Bertolini, L., Stead, D. and van der Krabben, E. 2018. Is transit-oriented development（TOD） an internationally transferable policy concept? *Regional Studies*. DOI: https: //doi.org/10.1080/00343404.2018.1428740

在这本书中，我们对这些发现进行了重新研究，并通过整合 TOD 的新研究和实施中的持续挑战来进行拓展研究。这些持续挑战正通过公平发展的方法加以解决。

在第 2 章中，我们讨论了向其他城市 / 国家学习的理论方法，包括将政策理念从一个国家转移应用到另一个国家的优势和劣势。我们注重从案例研究中学习，包括成功和失败的案例，以及规划者和政策制定者向他人学习的方式。

在第 3 章中，我们展示了 11 个 TOD 案例研究，然后使用元分析来比较这些案例。我们将讨论如何选择案例研究，展示每个城市和地区的概况，并展示案例研究的元分析结果，包括实施 TOD 的关键成功因素。

我们将讨论如何把这些研究结果用于荷兰两个城市和地区的规划师和政策制定者的政策学习研讨会。

第 4 章反映了 TOD 一些持续存在的问题及其解决办法，除第 3 章介绍的 11 个案例研究外，还以其他城市为例，特别强调了公平的 TOD；讨论了车站区域和走廊的士绅化、实现 TOD 的工具和策略、建立协作实践，以及获得更高级别政府的支持。

在第 5 章中，我们总结了 TOD 项目实践情况及实施中存在的问题，以及规划师、开发商及社区可以吸取的经验教训，他们想要建立更加公平、协作的 TOD，以帮助其所在社区重新定位，走上可持续性发展道路。

参 考 文 献

Bratzel, S.（1999）. Conditions of success in sustainable urban transport policy: Policy change in 'relatively successful' European cities. *Transport Reviews,19*（2）, 177–190. https：//doi.org/10.1080/014416499295600.

Center for Transit-Oriented Development（CTOD）.（2007）. *Why transit-oriented development and why now?* USA：Reconnecting America.

Center for Transit-Oriented Development（CTOD）.（2009）. *The mixed-income housing TOD action guide.* USA：Reconnecting America.

Center for Transit-Oriented Development（CTOD）.（2010）. *Transit corridors and TOD：Connecting the dots.* USA：Reconnecting America.

Center for Transit-Oriented Development（CTOD）.（2011）. *Planning for TOD at the regional scale：The big picture.* USA：Reconnecting America.

Center for Transit-Oriented Development（CTOD）.（2019）. *Frequently asked questions.* http：//ctod.org/faqs.php. Accessed 16 Feb 2019.

Cervero, R.（1998）. *The transit Metropolis：A global inquiry.* Washington, DC：Island Press.

Cervero, R.（2008）. *Effects of TOD on housing, parking and travel*. Centre for Transit-Oriented Development：Urban Land Institute, Transit Cooperative Research Program Report 128.

Chapple, K., & Loukaitou-Sideris, A.（2019）. *Transit-oriented displacement or community dividends?* Cambridge, MA/London, UK：MIT Press.

Chapple, K., Loukaitou-Sideris, A., Gonzalez, S. R., Kadin, D., & Poirier, J.（2017）. *Transit-oriented development and commercial gentrification：Exploring the linkages*. UC Connect：University of California Berkeley Center for Community Innovation and University of California Los Angeles Lewis Center.

Chatman, D.（2015）. Does transit-oriented development need the transit? *Access, 1*（47）, 16–21.

City of Vancouver.（2018a）. *Housing Vancouver strategy*. Vancouver, BC：City of Vancouver.

City of Vancouver.（2018b）. *Affordable housing choices interim zoning policy*. Vancouver, BC：City of Vancouver.

Chorus, P., & Bertolini, L.（2016）. Developing transit-oriented corridors, insights from Tokyo. *International Journal of Sustainable Transportation, 10*（2）, 86–95.

Conesa, A.（2018）. The accessibility assessment and the regional range of transit-oriented development：An application of schedule accessibility measures in the Nord Pas-de-Calais region. *The Journal of Transport and Land Use,11*（1）, 119–141.

Deboosere, R., El-Geneidy, A., & Levinson, D.（2018）. Accessibility-oriented development. *Journal of Transport Geography, 70*, 11–20.

DiMento, J., & Ellis, C.（2012）. *Changing lanes：Visions and histories of urban freeways*. Cambridge, MA：MIT Press.

Dovey, K., Pike, L., & Woodcock, I.（2017）. Incremental urban intensification：Transit-oriented re-development of small-lot corridors. *Urban Policy and Research, 35*（3）, 261–274. https：//doi.org/10.1080/08111146.2016.1252324.

Duffhues, J., & Bertolini, L.（2016）. From integrated aims to fragmented outcomes. Urban intensification and transportation planning in the Netherlands. *Journal of Transport and Land Use, 9*（3）, 15–34.

El-Geneidy, A., Buliung, R., Diab, E., van Lierop, D., Langlois, M., & Legrain, A. (2016). Non-stop equity: Assessing daily intersections between transit accessibility and social disparity across the greater Toronto and Hamilton area (GTHA). *Environment and Planning B: Planning and Design, 43* (3), 540–560.

Ewing, R., & Cervero, R. (2008). Travel and the built environment. *Journal of the American Planning Association, 76* (3), 265–294.

Ewing, R., & Cervero, R. (2010). *Effects of TOD on housing, parking, and travel.* Transportation Research Board: Transit Cooperative Research Program Report 128.

Filion, P., & McSpurren, K. (2007). Smart growth and development reality: The difficult co-ordination of land use and transport objectives. *Urban Studies, 44* (3), 501–523.

Griffiths, B., & Curtis, C. (2017). Effectiveness of transit oriented development in reducing car use: Case study of Subiaco, West Australia. *Urban Policy and Research, 35* (4), 391–408. https: //doi.org/10.1080/08111146.2017.1311855.

Guerra, E., & Cervero, R. (2013). Is a half-mile circle the right standard for TODs? *Access, 42*, 18–21.

Guthrie, A., & Fan, Y. (2016). Developers' perspectives on transit-oriented development. *Transport Policy, 51*, 103–114.

Ker, I., & Ginn, S. (2003). Myths and realities in walkable catchments: The case of walking and transit. *Road and Transport Research, 12* (2), 69–80.

Kramer, A. (2018). The unaffordable city: Housing and transit in North American cities. *Cities, 83*, 1–10. https: //doi.org/10.1016/j.cities.2018.05.013.

Le Paix Puello, L., & Geurs, K. (2015). Modelling observed and unobserved factors in cycling to railway stations: Application to transit-oriented-developments in the Netherlands. *European Journal of Transport Infrastructure Research, 15*, 27–30.

Lee, J., Choi, K., & Leem, Y. (2016). Bicycle-based transit-oriented development as an alternative to overcome the criticisms of the conventional transit-oriented development. *International Journal of Sustainable Transportation, 10* (10), 975–984.

Lenferink, S., & Van der Stoep, H. (2013, July 15–19). *Innovative governance and finance strategies for implementing Dutch transit-oriented development.* Paper presented at the 5th AESOP/ACSP Joint Congress, Dublin, Ireland.

Levinson, D. (2008). Density and dispersion: The co-development of land use and rail in London. *Journal of Economic Geography, 8* (1), 55–77.

Loo, B. P. Y., Cheng, A. H. T., & Nichols, S. (2017). Transit-oriented development on greenfield versus infill sites: Some lessons from Hong Kong. *Landscape and Urban Planning, 167*, 37–48.

Muller, P. O. (2004). Transportation and urban form: Stages in the spatial evolution of the American metropolis. In S. Hanson & G. Giuiano (Eds.), *The geography of urban transportation* (3rd ed., pp. 59–85). New York: Guildford Press.

Newman, M. (1991). Focus: Sacramento, Calif.; A Transit-Oriented Approach to Suburbia. *The New York Times*, November 10, 1991.

Noland, R. B., Weiner, M. D., DiPetrillo, S., & Kay, A. I. (2017). Attitudes towards transit-oriented development: Resident experiences and professional perspectives. *Journal of Transport Geography, 60*, 130–140.

Pojani, D., & Stead, D. (2014). Ideas, interests, and institutions: Explaining Dutch transit oriented development challenges. *Environment and Planning A, 46*, 2401–2418. https: //doi.org/10.1068/a130169p.

Renne, J. L. (2017). Make rail (and transit-oriented development) great again. *Housing Policy Debate, 27* (3), 472–475.

Schuetz, J., Giuliano, G., & Shin, E. J. (2018). Does zoning help or hinder transit-oriented development? *Urban Studies, 55* (8), 1672–1689.

Switzer, A., Bertolini, L., & Grin, J. (2015). Understanding transitions in the regional transport and land-use system: Munich 1945–2013. *Town Planning Review, 86* (6), 699–723.

Tan, W. G. Z., Janssen-Jansen, L. B., & Bertolini, L. (2014). The role of incentives in implementing successful transit-oriented development strategies. *Urban Policy and Research, 32*, 33–51. https: //doi.org/10.1080/08111146.2013.832668.

Thomas, R., & Bertolini, L. (2014). Beyond the case study dilemma in urban planning: Using a meta-matrix to distil critical success factors in transit-oriented development. *Urban Policy and Research, 32* (2), 219–237. https: //doi.org/10.10 80/08111146.2014.882256.

Thomas, R., Pojani, D., Lenferink, S., Bertolini, L., Stead, D., & van der Krabben, E.（2018）. Is transit-oriented development（TOD）an internationally transferable policy concept? *Regional Studies, 52*（9）, 1201–1213. https：//doi.org/10.1080/00 343404.2018.1428740.

TransLink.（2012）. *Transit-oriented communities guidelines. Creating more livable places around transit in Metro Vancouver.* Vancouver：TransLink.

Yang, K., & Pojani, D.（2017）. A decade of transit oriented development policies in Brisbane, Australia：Development and land-use impacts. *Urban Policy and Research, 35*（3）, 347–362.

Yang, J., Chen, J., Le, X., & Zhan, Q.（2016）. Density-oriented versus development-oriented transit investment：Decoding metro station location selection in Shenzhen. *Transport Policy., 51*, 93–102.

第2章 政策学习：规划者如何互相学习

　　摘要：规划是一门涉及多学科的专业，其理论、理念、框架，甚至是制度都源自多方领域。规划建立在相互学习、分析、政策制定和直接行动以改善社区的核心原则之上，规划者应用许多不同领域的理论，使用一系列的方法来制订社区计划、起草政策、交付项目和服务。案例研究是政策学习和发展中最常用的方法之一。本章概述了规划者在实践和研究中相互学习的方法，特别是案例研究的使用和政策学习过程。本章还讨论了这些方法带来的挑战，以及如何从其他环境中进行有意义学习的建议。本章主要介绍并分析了 11 个 TOD 案例研究，为第 3 章奠定基础。

　　关键词：案例研究，元分析，政策学习，政策移植

　　规划是一个多学科的专业，这是由于其理论、理念、框架，甚至是制度都源于许多不同领域。最初，专业规划机构为从事工程、建筑等相关专业的人员授予会员资格。约翰·弗里德曼（John Friedmann）在《公共领域规划（1987）》[*Planning in the Public Domain*（1987）] 中提出了该学科的四大知识传统（社会改革、政策分析、社会学习和社会动员），每一种知识传统都为规划贡献了工具、思想和理论。规划建立

在相互学习、分析、政策制定和直接行动以改善社区的核心原则之上，规划师应用了许多不同方面的理论。

几十年来，利用数据对社区特征进行观察、测量和分析是必不可少的做法；自 20 世纪 70 年代以来，生活史、焦点小组、社区论坛和许多其他方法补充了大型数据集收集的定量数据，如国家人口普查和反映出行模式的交通数据。虽然规划师使用一系列方法来制订社区计划、起草政策、交付项目和服务，但案例研究方法始终是政策学习和发展中最常用的方法之一。

2.1

从案例研究中学习

规划师定期研究其他地方的政策，并根据本地治理模式、政策和文化背景进行调整。本特·弗顿比约（Bent Flyvbjerg）提出，从特定情景下的案例研究中学习，可以让实践中的规划者从"基于规则的初学者成长为高超的专家"。弗顿比约认为，每个专家"都是基于其专业领域内的数千起具体案例的深入了解开展工作的"。毫无疑问，长期在市政当局制定区划条例的规划师也有类似经验，也能获取并借鉴其他城市的条例。规划师和地区规划机构会通过邀请国外规划专家，或外出考察来了解他国家具体的政策或方案。例如，多伦多市深受东京和伦敦等城市"行人争道"设计理念的启发，于 2008 年设置了首个相类似的十字路口，并继续借鉴国外案例来制定政策。谭（Tan）则介绍了澳大利亚珀斯的交通规划师与外国学者和规划师之间的想法交流：

据了解，专业机构每年会至少安排一次本地及国外考察活动，学习他们认为优秀的土地使用及交通发展范例，并与当地专家进行交流。

弗顿比约对丹麦奥尔堡的权力和决策机制进行了研究，结果表明，学术型规划师在研究长期计划、规划过程或复杂现象时，往往会进行案例研究。案例研究结合了描述性统计、访谈、参与者观察、地理信息系统（GIS）和建筑形态分析等方法，往往能提供丰富的数据，形成理论，并为规划干预或改进提供建议。正如麦克斯韦（Maxwell）所言：

过程理论，涉及事件和联系这些事件的过程；它基于对一些事件相互影响因果过程的分析。过程解释，由于涉及具体的事件和过程，不太适用于统计方法。它适用于对一个或几个案例或相对较小的个体样本进行深入研究，也适用于保留事件之间的时间和背景联系的文本形式数据。

案例研究方法整合了地理学、社会学、公共卫生、心理学、经济学和其他学科等多种方法，成为一个多学科技术，能够在规划领域中发挥重要作用。

个案研究往往能让研究人员有机会聚焦于特定城市的复杂性，从而讲述令人信服的矛盾和权力动态的故事。正如 Ragin 谈到案例选择时所言：

正是由于其特殊性——它们是重要事件或现象的实例——吸引了研究者的注意。有时，这种事例只有一两个或少数几个。

尽管案例研究方法与统计抽样过程（统计抽样过程是一般化的基础）的要求不一致，但尹（Yin）和弗顿比约两人都指出了在分析归纳中使用非典型案例的价值：在类似的理论背景下检验一个理论的能力，以进一步明确理论的解释力。斯科菲尔德（Schofield）给出了一个将非典型案例归纳为典型案例的例子。著名案例研究学者也提出了多案例研究，并将其作为发展和检验理论的方法，对不同案例进行比较，以构建更普适的理论。奈斯（Naess）等人在比较两个城市的可持续交通及其城市规划发展时提出：

> 哥本哈根和奥斯陆可以说是城市可持续性的"关键案例"，这意味着，这些城市在可持续城市和可持续交通发展中的任何主要缺陷和障碍，也可能存在于可持续发展目标及其成果较落后的欧洲城市中。

为了得出更广泛的规划结论，案例研究经常在书中对个体案例进行探讨。例如，城市规划网站 Planetizen 评选的 2018 年最佳城市阅读书单，其中包括《高楼住民：卡布里尼 - 格林大楼与美国公屋的命运》（本·奥斯汀）和《中毒之城：弗林特水危机和美国城市悲剧》（安娜·克拉克）；2017 年的榜单有《永不建成的纽约》（格雷格·戈尔丁和萨姆·卢贝尔）；2015 年则评选出了《巴黎：现代城市的发明》（若昂·德让）。毫无疑问，克拉克的书适用于理解由于州和联邦管辖权的复杂背景，导致做出对公众健康产生危害的城市决策。而奥斯汀的书则讲述了一个关于大规模城市更新和城市结构破坏的警世故事。加拿大研究员经常使用记录了城市重建时期非裔加拿大人社区迁移情况的《记住非洲村》等电影资源告诫世人；而英国研究员则可能会使用格伦费尔公寓大楼起火这一现代案例来教育后代。

2.1.1　个案对比和政策学习

虽然个案研究为规划师提供了丰富的学习机会，但在将研究结果转化为规划实践的建议时，仍存在一些问题。从统计学视角来看，其研究结果并不具备普遍性。因此，单一案例研究得出的建议，在政策制定上的可行性往往不够充分。在某些情况下，由于政治、地理或人口背景差异，个案研究结果难以应用于不同的城市或国家。背景差异常常成为在其他地区实施关键政策或项目的障碍。在规划过程中，利益相关方往往很难将背景与政策理念区分开，对"外来"理念更倾向于持反对态度，坚持认为在别处获得成功的政策或项目不适用于本地。在个案研究中，解决这些问题的方法之一是通过比较或元分析法，对多个案例进行更系统的学习。

2.1.2　案例研究比较和案例交叉分析技术

案例研究比较可用于获取案例之间的相似性，已有许多文献对TOD 案例研究进行了比较，例如：纽曼（Newman）侧重于澳大利亚城市，贝托里尼和斯皮特（Spit）侧重于欧洲城市；塞维罗、柯蒂斯等人和贝托里尼等人则使用了国际案例。纽曼和 Curtis 等人试图找到案例之间的共同点，以表格对比的形式比较了不同案例之间的土地使用和交通政策、规划流程、资金运作机制和领导力。贝托里尼和斯皮特指出了反复出现的困境，塞维罗通过创建 TOD 案例的类型学，总结了 TOD 的成功因素和面临的挑战。为了在案例研究中得出更具广泛性的研究结果，后续需要对已完成的案例研究进行深入综合研究，以试图找到共同概念、问题或工具。鉴于现有的大量规划案例研究，研究人员应该很容易找到大量可供比较研究的相似案例。

桑德洛夫斯基（Sandelowski）等人认为，应将旨在综合案例研究结果的项目视为知识发展的一个重要途径。迈尔斯（Miles）和胡伯曼（Huberman）提出做案例交叉分析的两个理由：增强其适用性、加深理解和解释，特别是定义研究结果将会发生的具体环境。

卡恩（Khan）和范·温斯伯格（VanWynsberghe）提出了案例交

叉分析，将其作为一种挖掘现有案例研究的机制，以便提高案例知识的普适性，例如，收集证据以对现有政策进行修订或完善。安德森（Andersson）等人指出，只有通过系统性的案例研究比较，才有可能对研究的案例特征和类型做出更明确的说明。

综合案例研究以供比较的一个挑战是如何整合多种数据，例如访谈、调查、直接观察和政策分析等。迪克逊·伍兹（Dixon-Woods）等人探讨了从主要案例研究报告中整合证据的方法，包括叙述总结、专题分析、定性元综合、内容分析和案例交叉分析。这些方法虽然会丢失这类数据固有的独特性和丰富性，但能够显著减少定性数据。迪克逊·伍兹等人和桑德洛夫斯基等人都担心研究人员需要将定性数据纳入系统性综述的方法；后者认为，理解几项相互关联研究的关键可能在于认识到其发展演变的规律性。

案例研究交叉分析能让研究人员挖掘案例研究数据中的共同要素。在奈斯等人对哥本哈根和奥斯陆的比较中发现：

各个案例城市之间的比较集中在特征异同上，并试图对两者进行解释。这些解释首先在每个案例中进行，因此，对相似性和差异性的解释是基于对生成机制的研究和在这些机制下的案例交叉比较……

其他交通研究人员采用了系统性的案例研究比较。例如，范·埃格姆（Van Egmond）等人比较了 22 个欧洲城市的公共交通系统，最初使用的是案例报告和相关文件，以及每个城市当地专家系统收集的数据。沃尔特（Walter）和舒茨通过报告、相关文件和对当地专家的采访，评估了 5 个城市的城市交通合作项目。帕帕（Papa）和贝托里尼比较了 6 个西欧城市，探讨 TOD 与城市形态之间的联系，特别是轨道网络与职住空间分布之间的关系。他们使用相关分析来理解城市结构和交通可达性之间的联系，运用 GIS 实现结果可视化并提供空间分析。美国交通部于 2018 年对 13 个大都会地区的共享交通的流动性进行了比较，系统地评估了 13 个大都会地区的活动和规划文件，并对其中几个大都会地区的机构进行访谈。他们发现，各机构在协调交通的流动性上具有独特优势，但在将其融入现有方法时，仍面临若干挑战；他们能够对其他地区提出一些建议。欧文和塞维罗在定量元分析中使用了 62 项关于出行与建成环境的研究，计算了出行变量与建成环境变量之间的关系。

这些研究使用了多种统计方法，并捕捉了多个"D"变量（如密度、多样性、设计、目的地可达性和与交通的距离）的影响。他们得出的结论是，目的地可达性（例如，到市中心的距离）是减少驾车出行的最重要因素；街道网络设计（交叉口密度、街道连通性）也很重要。安德森等人发现，案例交叉分析有利于确定案例研究的共同主题，但由于这 9 个案例非常不同，且反映了从大量非随机数据中观察到的情况，因此总结研究结果的能力受到限制。Nijkamp 等人选择相似案例进一步分析，首先提出了案例内部和交叉数据模式。

元分析是一种案例交叉分析方法，旨在从一系列完整的案例研究中提取共同要素，往往是为了以条件陈述的形式确定可借鉴的经验教训，这将指定陈述有效的条件。尼克普（Nijkamp）等人指出："元分析旨在为同一广泛研究领域内的研究比较提供统计基础。"元分析的主要好处是基于已完成的案例研究，减少案例研究特有的耗时的实地工作。然后，可以根据明确定义的标准或绩效衡量标准对案例进行比较、评估和排序，以此确定在相似研究中导致不同结果的关键因素。伯杰斯（Baaijens）和尼克普观察到，元分析"特别适用于没有控制条件时，对研究结果进行判断或比较（甚至是转移到其他情况）的情况。"这就像一个规划师在实践中探索其他地区的技术、工具和流程，以便将一种创新的方法引进到自己的城市中。

迈尔斯（Miles）和休伯曼描述了元矩阵，它可以用于元分析，使研究者能够在一个地方看到所有定性和定量案例研究数据。制作元矩阵、缩小范围并对类别和条目进行分类的过程有助于研究者对案例内和案例间的模式做出解释。例如，按日期梳理事件，可以让研究人员以一种系统、透明的方式跟踪其发展脉络。元矩阵的局限性在于此方法只适用于相似的案例，可以使用以案例为导向的分析或以变量为导向的分析：以案例为导向的分析确定每个案例中独特的结构和事件流，然后在不同案例之间进行比较，而以变量为导向的分析关注一组特定变量的相互影响。然而，由于社会进程的复杂性，往往有太多的因素要进行独立考虑。

案例比较法或系统的案例交叉分析方法，如元分析，可以为规划者提供比个案研究更具普遍性的结果。但是，案例研究的结果如何纳入政策、计划和工具中呢？研究人员选择哪些案例进行比较研究？为了研究规划者如何从系统性的案例比较中进行学习，以制定政策、工具和项目，下面将阐述政策移植的过程。

2.2

学习各地的成功经验和失败教训

政策移植可以描述为：

一个政治制度（过去或现在）中有关的政策、行政安排、制度和思想的知识被用于另一个政治制度的政策、行政安排、制度和思想的发展过程。

在这种情况下，可转移的知识包括政策目标、内容、手段和方案；制度、意识形态和态度；甚至是失败教训。虽然政策移植可能发生在国家层面，并涉及政府工作小组、政治家、政党以及国际组织，但它们也可能涉及地方智库、公益活动人士、研究机构和媒体。政策移植在规划中很常见，近年来也涌现出越来越多对政策转移的过程、困难和结果的研究。

参与政策移植过程的主体可以向本国的政治制度或单位学习（例如将省级解决方案扩大至国家层面），或向他国学习。马斯登（Marsden）和斯特德（Stead）注意到，当地的参与主体往往着眼于自己的地区或国家，而国家参与主体往往着眼于国际。政策更有可能在"心理逻辑上接近"的国家之间转移，例如那些在地理上、意识形态上或文化上相似的国家。尽管如此，正如我们前面指出的，在分析概括中使用非典型案例研究仍然具有价值，由于原生环境与借鉴国家、地区或城市的差异，政策转移往往遭遇失败。

多洛维茨（Dolowitz）和马什（Marsh）确定了四种不同类型的政策移植：复制（直接的和完整的转移）、效仿（转移政策或规划背后的想法）、组合（整合不同的政策）和启发（另一个地区的政策可能会激发当地政策改变，但是本质上并没有借鉴政策）。斯帕恩斯（Spaans）和卢瓦（Louw）描述了不同的"转移强度"，包括将政策理念用于启发、学习和移植。类似于从案例比较中学习，斯通（Stone）认为，我们可以同时向多个地区学习，从中吸取一些教训，这有助于结合当地情况进行组合和适应性创新。

政策移植的原因有很多。决策者、政治家或公务员可能不满意当前的政策；他们可能缺乏解决规划问题的当地案例，因此他们认为有必要向其他地区寻求解决方案。例如，麦肯（McCann）强调了"全球知识回路"，用于制定温哥华的四大药物战略。20 世纪 90 年代末，由于温哥华公共健康状况和住房条件不断恶化，温哥华的市长寻求国际专业知识。政策学习的过程采用了北美首个减少危害的战略，不确定性也极大地鼓励了政策模仿；不确定的条件包括缺乏科学共识，缺乏信息，出现新问题、政策灾难、危机和政治冲突。在国际政策移植的情况下，各国可能被鼓励采用其他地方的政策，作为贷款或商业发展的条件。斯通认为，政府和国际组织不再有能力设计和 / 或实施有效的公共政策，也认为全球公共政策网络可以提供帮助。莫尼（Monios）认为，在新自由主义时代，减少政府的干预以及弱化政府的作用将导致他们缺乏政策制定方面的专业知识。

斯帕恩斯和卢瓦指出，政府不再有能力像以前那样指导规划，这是因为冗长的程序和固定的长期愿景似乎不再适用；如今变化的步伐太快，需要新的、更快的政策制定流程。马斯登和斯特德则指出，由于决策者和政治家之间建立联系的机会增多，以及问责制带来的压力增加，政策移植变得越来越普遍。

正如马斯登和斯特德在文献综述中发现的那样，人们很少关注交通方面的政策移植。斯特德等人对波兰弗罗茨瓦夫和拉脱维亚里加的城市交通政策转移进行了研究，他们发现，稳定的政治和管理、目光长远的决策者和公务员、小而紧密的参与主体网络是政策移植成功的重要因素。在波亚尼（Pojani）和斯特德对阿尔巴尼亚政策移植的考察中，由于外国专家之间技术规划工作缺乏协调、实施计划的资金不足、规划师和公众的参与不够、规划中缺乏可实施细节、对当地规划和社会文化缺乏深入了解以及缺乏与规划制定并行的教育和宣传活动等原因，在外国专家帮助下制定的当地交通规划往往无法实施。莫尼发现，当政策移植受到交通规划中政治议程的影响时，产生的一个结果是"政策波动"

（即周期性地采取政策，并加以改革，以满足政治目标，而非成功实施政策）。

2.2.1　TOD 理念的政策移植

许多政策移植发生的原因同样可用于解释 TOD 规划。世界上许多地区都采用 TOD 作为规划战略，以适应增长管理和可持续发展目标，但大多数国家的 TOD 案例并不多。TOD 的发展是一个长期的过程，涉及多层次治理、多学科以及土地使用的调整，这意味着很多地区极少实施 TOD。由于缺乏本地案例，当地决策者只能寻找国际案例。规划师和公务员之间的国际交流很常见，最佳的 TOD 案例一直以来都与外国案例很相似。参与这些交流的人感兴趣的是，哪些政策和做法取得了成功，有哪些人参与其中，人们遇到了哪些挑战，以及如何采取差异化的做法。

荷兰有许多特征促使当地参与主体学习国际案例。荷兰的交通规划者接受 TOD 背后的理念，但除了零散的火车站项目外，还未能将其付诸实现。TOD 仍然是一个交通政策概念，并没有移植到其他领域，如公共卫生领域或者政治代表、房地产开发商等其他利益相关方。通过国家重点项目，一些火车站周边地区已经进行再次开发，政策试图在火车站周围实现集中增长。但是，荷兰的城市和地区尚未在区域范围内实施 TOD，这涉及一个由公共交通连接地方发展的大都市网络。在荷兰，参与 TOD 的规划者被称为"信徒"，即那些强烈坚持实施 TOD，并积极倡导 TOD 的人。那些在城市或区域政府机构工作或担任私人顾问的人，在组织和参加 TOD 国际会议和城市间交流方面发挥了重要作用。然而，政策理念的移植，比如在 TOD 过程中，土地使用以及交通规划师合作的需要，或者在实施 TOD 中跨学科团队的需要，这样的情况似乎很少出现。

2.2.2 对政策移植的担忧

从一个地方引进政策理念并在另一个地方使用时，会产生许多担忧。当地可能会出现不知情、不完整或不恰当的政策移植情况：例如，借鉴政策的国家可能对政策及其运作方式的信息掌握不足，政策中的关键元素可能没有移植，或者缺乏关注政策借鉴国和来源国之间政治、体制或意识形态等方面的差异。Stead 指出：

显然，最佳实践示例的细节越少（其设计或实现的描述越简明），该示例在其他地方复制的可能性就越小。

经济合作与发展组织（OECD）有一份关于城市发展最佳实践的报告，报告描述了向其他国家移植最佳实践示例的方式：示例中的部分要素可转移性较低（包括思想、行动原则、哲学、程序、机构、组织模式、实践人员和合作项目），而其他要素可转移性则较高（包括方法、技术、知识和操作规则）。这表明，"借鉴国"往往更容易将注意力集中于政策的技术层面，而不是更广泛的目标、愿景或有利于实施的制度框架；这种狭隘可能会导致政策失败。

斯帕恩斯和卢瓦指出，规划问题在另一个国家也可能以同样的方式呈现出来，但解决方案可能仅限于政策来源国，或者借鉴国可能对问题会持有不同看法。波亚尼和斯特德强调了不对称政策移植中的一些问题，例如，来源国和借鉴国之间的权力关系、资源和经济发展水平不平等。在欧洲国家之间的政策移植过程中，这些问题包括：非欧盟成员国必须使其目标与欧盟规范、标准或法律保持一致而产生的压力、不愿承诺实施外国专家的建议、制度结构的差异（例如，缺乏地方政府）、外国专家无法认识到文化差异而影响规划的实施等。

虽然人们可能认为"借鉴国"的规划者、政治家和政府官员希望寻求外来建议，向其他国家学习，但情况并非总是如此。斯特德指出，只有少数官员认为，向其他国家学习能在本国的决策过程中发挥重要作用；他们倾向于非正式的接触，更多地与同行合作。

经济合作与发展组织指出，自上而下学习最佳实践示例的过程，例如由国家或国际机构发起的学习过程，其效果可能不如由当地参与主体为响应需求而发起的自下而上的学习。波亚尼和斯特德在研究阿尔巴尼亚规划者整合外来专家技术时确实发现，针对外部资助组织聘请的专家所提出的建议，当地规划者实施建议的积极性很低或甚至为零。他们还发现，外国顾问提出的一些政策没有考虑到当地习俗，例如商业活动的非正式特征，以及在某些情况下，由于没有建立所需要的治理结构，根本无法实施空间规划战略。

莫尼表明，规划中的新自由主义范式意味着，推进经济增长目标的政策理念比那些对现有政策范式产生威胁，或者在政治上不受欢迎的政策理念更加容易实施，即使后者已经被证明有助于实现既定目标。戈德堡·米勒（Goldberg-Miller）在城市文化政策研究中指出：

通过城市案例研究，观察式知识动员并没有质疑政策解决方案背后的核心理念，而是着眼于从技术层面上实施这些政策。

戈德堡·米勒和吉尔兰（Gurran）等人强调了政策与规划实践之间的相似性，这是政策移植过程的结果。有一种风险是，尽管文化和知识背景截然不同，但政策移植可能导致"虚有其表的手段和改革技术的表面移植，而非实质性的移植"：即没有真正考虑到各国应用差异的政策趋同。

我们可以从其他环境中学习如何实施 TOD 的原因也有很多，但是我们如何有意义地解决这些潜在的担忧呢？

2.3
从其他环境中进行有意义的学习

2.3.1　选择案例促进学习

格林（Grin）曾说过，学习的实例可能有助于产生深刻的结构性变革，这种变革是突破实施障碍所必需的。可以说，为了实现这些突破，案例研究的选择至关重要。例如，选择创新性不强的案例，可能无法为规划者和决策者提供引入自己的创新办法的动力。这使得人们相信只有"最佳实践"案例才值得研究，尤其是在 TOD 领域中。然而，在现实中，学习"最差实践"和"最佳实践"都能有所收获。斯托德认为，最佳实践示例可能存在问题，因为它们往往没有体现出实施过程中遇到的政治挑战，或者社会、文化问题；有时规划者意识到只有"好消息"才会被传播，"为了理解相关过程，他们会构建自己的知识网"。他写了东欧和西欧国家之间政策移植的文章：

> 基于不同的成员国、制度、规划工具和文化的考虑，以"实践范例"代替"最佳案例"，让决策者可以借鉴这些范例，并根据自身情况进行调整，这样的做法也许更加适当。

莫尼和斯托德都表明，使用外国案例时，没有任何用来评估的机制，无法确定哪个是最合适或是最成功的。莫尼提醒道，在其他地方，决策者可能有自己的偏好，因此：

> ……首先，寻找发现一项新政策可能并不彻底，由于缺乏良好的信

息，很难验证其是否确实是一项合适的政策，因而增大了不适当移植的可能性（或者是不完整或不知情的移植），从而导致失败风险更高……

有几位学者曾阐述过学习负面案例的好处。我们也可以选择多个案例来了解一个政策的不同方面：斯通（Stone）区分了政策"软的"方面（如想法、范式、解释和问题定义），以及"硬的"方面（如工具、立法、技术和政策）。当帕帕和贝托里尼比较 6 个西欧城市以确定 TOD 和城市形态之间的联系时，他们特意选择了"在可能决定因素上有充分变化"的案例，而不是潜在的最佳或最差的实践案例。美国交通部选择了 13 个大都会地区，这些地区存有关于共享出行规划的文件资料，并在人口规模、地理和土地使用类型方面具有一定代表性，以确保规划背景的多样化。

2.3.2 去背景化和再背景化

如前文所述，各国文化、地理、政治和其他特征的差异往往成为学习其他国家规划实践和政策制定的障碍。解决这一问题的方法之一是从政策来源国解读政策理念，将其作为一个概念呈现给当地实践者：

在跨国规划网络中交流、协商和转化的想法并非不变的真理，而是以神话的形式出现。在这种形式下，它们通常是非政治化的，通过去政治化，它们可以在当地重新政治化……

尽管如许多学者所言，过度简化政策理念，使其易于转移是存在风险的，但我们认为，作为学习过程的一部分，这种方法具有一定的价值。它允许学习者自行吸收这一概念，无需考虑产生这一概念的独特背景，例如，日本城市的高密度发展促进了支持 TOD 的走廊发展，或者在制度上，铁路公司作为房地产开发商而扮演的独特角色。去背景化让他们接受概念本身，否则他们可能会因为概念太过陌生或不寻常而无法引入他们的国家。在学习和探讨这个概念时，他们可以提出以下问题，以便更好地理解这一概念对当地背景的价值，例如：

1）"这个概念在这里行得通吗？如果不行，为什么不行？"

2）"我们有类似的治理结构吗？我们是否会为了实现这个概念而改变我们的计划？"

3）"机构采用这种做法的可能性有多大？"

4）"我们在对我们城市／国家的这个问题上是否有共同的理解？"

5）"我会把这个想法带入新的政策方法的讨论中去吗？"

通过这种方式，当地的实践者开始更好地了解他们的背景及概念的特定过程，以及他们是否愿意接受来自其他地方的想法。他们开始重新定义这个概念，使之成为具有地方特色的潜在政策理念。在研讨会或博弈环节中，他们甚至可能超越这一点，最终创造性地制定出原创的政策。利托（Lieto）颇有诗意地提出，如果每个政党都有自己的政策理念神话，并使用它来发展一个新的、共同的神话时，就能创造出混合的理念。多洛维茨（Dolowitz）和马什提出的第三种类型的政策移植（即组合）：在考虑另一个地方的理念时，借鉴者可以将这个新的理念与自身的专业知识和对问题的理解结合起来，制定出对当地背景有意义的解决方案。他们甚至可以通过学习实践，发展出全新的政策概念，即多洛维茨和马什提出的第四种政策移植——启发。

TOD 政策十分复杂，在考虑 TOD 政策时，去背景化和再背景化具有重要意义。TOD 政策和实施能取得成功，往往不是因为一个创新的想法，而是因为它涉及多级政府、资助机制、土地使用规划、开发工具和利益相关者的合作实践。

2.4

我们还能从其他地方学到什么？

规划作为一门学科，其理论、思想、框架和制度借鉴了许多不同的领域。规划师定期研究其他地方的政策，使之适应当地的治理、政策和文化环境；进行研究的规划师往往会开展案例研究。案例研究方法具备整合多种方法的能力，在规划领域大有作为，因为它是一个融合了一系列方法的多学科领域。虽然个案研究往往能够提供独特的机会来关注具体过程或制度的复杂性，并经常用来得出更广泛的结论，却难以将其研究结果转化落地。案例研究比较法可以得出案例之间的相似性。案例交叉分析法能让研究人员挖掘案例研究数据中的共通之处。案例研究比较，或系统的案例交叉分析，如元分析，可以为规划师提供比个体案例研究更具普遍性的结果。

政策移植能让我们学习另一个地方的政策理念、制度和安排，包括学习本国或他国的政治体制或政治单位。政策移植发生的原因有很多，其中有一些适用于 TOD 规划：通常，本国很少有 TOD 案例，有向他国学习的既定做法（如国际交流、建立联系的机会等）抑或缺乏政策制定的专业知识。然而，一个地方引入并采纳他国政策理念时，也可能存在一些问题。如政策的某些组成部分可移植性较低，而其余部分较容易采纳；规划问题在另一国也可能以同样的方式表现出来，但解决办法可能仅限于政策来源国，或政策借鉴国对问题可能有不同的看法。政策借鉴国的规划者、政治家和官员可能不想寻求外部建议，也不想向其他国家学习；因为这样做可能会存在政治或其他因素带来的压力。新自由主义范式或创造性城市方法等强有力的概念也可能会不知不觉地转移到借鉴国。在一个国家形成自身政策模式之前，政策和规划实践可能会在一段时期内呈现出相互模仿的情况。

　　针对这个问题，吸取失败教训或一系列的成败经验能够充分了解政策实施的约束和挑战。将政策理念去背景化以便更好地学习实践，或许也能帮助当地实践者更好地理解当地的背景和发展进程，以及他们是否愿意接受来自其他地方的理念。如果他们愿意学习、发展混合的或新的政策理念，那么其他地方的经验教训就单纯是一种启发。学习概念而非全盘采纳，可能是避免政策实施失败的一种更现实的方法。

参 考 文 献

Andersson, T., Carlsen, J., & Getz, D.（2002）. Family business goals in the tourism and hospitality sector：Case studies and cross-case analysis from Australia, Canada, and Sweden. *Family Business Review, 5*（2）, 89–106.

Baaijens, S., & Nijkamp, P.（2001）. Meta-analytic methods for comparative and exploratory policy research：An application to the assessment of regional tourist multipliers. *Journal of Policy Modeling, 22*（7）, 821–858.

Bertolini, L., & Spit, T.（1998）. *Cities on rails：The redevelopment of railway station areas.* London/New York：Spon/Routledge.

Bertolini, L., Curtis, C., & Renne, J.（2012）. Station area projects in Europe and beyond：Towards transit oriented development? *Built Environment,38*（1）, 31–50.

Cervero, R.（1998）. *The transit metropolis：A global inquiry.* Washington, DC：Island Press.

Curtis, C., Renne, J. L., & Bertolini, L.（2009）. *Transit oriented development：Making it happen.* Farnham/Burlington：Ashgate Publishing.

Dimaggio, P., & Powell, W.（1983）. The iron cage revisited：Institutional isomorphism and collective rationality in organisational fields. *American Sociological Review, 48,* 147–160.

Dixon-Woods, M., Agarwal, S., Jones, D., Young, B., & Sutton, A.（2005）. Synthesising qualitative and quantitative evidence：A review of possible methods.

Journal of Health Services Research and Policy, 10（1）, 45–53.

Dolowitz, D., & Marsh, D.（2000）. Learning from abroad: The role of policy transfer in contemporary policy making. *Governance, 13*（1）, 5–24.

Ewing, R., and Cervero, R.（2010）. *Effects of TOD on housing, parking, and travel.* Transportation research board: Transit cooperative research program report 128.

Flyvbjerg, B.（2001）. *Making social science matter: Why social inquiry fails and how it can succeed again.* Cambridge: Cambridge University Press.

Flyvbjerg, B.（2006）. Five misunderstandings about case study research. *Qualitative Inquiry, 12*（2）, 219–245.

Goldberg-Miller, S. B. D.（2018）. Keeping creativity downtown: Policy learning from San Francisco, Seattle, and Vancouver for municipal cultural planning in Toronto. *The Journal of Arts Management, Law, and Society, 48*（3）, 170–190.https: //doi. org/10.1080/10632921.2017.1422834.

Grin, J.（2010）. The governance of transitions. In J. Grin, J. Rotmans, & J. Schot （Eds.）, *Transitions to sustainable development: New directions in the study of long term transformative change*（pp. 265–285）. New York and London: Routledge.

Gurran, N., Austin, P., & Whitehead, C.（2014）. That sounds familiar! A decade of planning reform in Australia, England, and New Zealand. *Australian Planner, 51* （2）, 186–198.

Hurley, J., & Lamker, C. W.（2016）. Exchange between researchers and practitioners in urban planning: Achievable objective or a bridge too far? *Planning Theory & Practice, 17*（3）, 447–453. https: //doi.org/10.1080/1464935 7.2016.1190491.

Khan, S., & Van Wynsberghe, R.（2008）. Cultivating the under-mined: Cross-case analysis as knowledge mobilization. *Forum: Qualitative Social Research, 9*（1）, article 34. http: //www.qualitative-research.net/index.php/fqs/article/view/334/729

Knowles, R. D.（2012）. Transit oriented development in Copenhagen, Denmark: From the finger plan to ϕrestad. *Journal of Transport Geography, 22*, 251–261.

Lieto, L.（2015）. Cross-border mythologies: The problem with traveling planning ideas. *Planning Theory, 14*（2）, 115–129.

Marsden, G., & Stead, D.（2011）. Policy transfer and learning in the field of transport：A review of concepts and evidence. *Transport Policy, 19,* 492–500.

Maxwell, J. A.（2004）. Using qualitative methods for causal explanation. *Field Methods, 16*（3）, 243–264.

McCann, E. J.（2008）. Expertise, truth, and urban policy mobilities：Global circuits of knowledge in the development of Vancouver, Canada's 'four pillar' drug strategy. *Environment and Planning A, 40,* 885–904. https：//doi.org/10.1068/a38456.

Miles, M. B., & Huberman, A. M.（1994）. *Qualitative data analysis：An expanded sourcebook.* Thousand Oaks：Sage.

Monios, J.（2017）. Policy transfer or policy churn? Institutional isomorphism and neoliberal convergence in the transport sector. *Environment and Planning A,49*（20）, 351–371.

Naess, P., Strand, A., Naess, T., & Nicolaisen, M.（2011）. On their road to sustainability? The challenge of sustainable mobility in urban planning and development in two Scandinavian capital regions. *Town Planning Review,82*（3）, 285–315.

Newman, P.（2007）. Planning for TOD in Australian cities. *Building Environment Design Professionals Environment Design Guide, 2*（15）, 1–11.

Nijkamp, P., van der Burch, M., & Vindigni, G.（2002）. A comparative institutional evaluation of public-private partnerships in Dutch urban land-use and revitalization projects. *Urban Studies, 39,* 1865–1880.

OECD.（2001）. *Best practices in local development.* Paris：OECD.

Papa, E., & Bertolini, L.（2015）. Accessibility and transit-oriented development in European metropolitan areas. *Transport Geography, 47,* 70–83.

Pojani, D., & Stead, D.（2014）. Ideas, interests, and institutions：Explaining Dutch transit oriented development challenges. *Environment and Planning A,46,* 2401–2418. https：//doi.org/10.1068/a130169p.

Pojani, D., & Stead, D.（2018）. When west–east planning policy advice fails to gain traction. *Journal of Environmental Planning and Management.* https：//doi.org/10.1080/09640568.2018.1497586.

Ragin, C. C.（1987）. *The comparative method：Moving beyond qualitative and quantitative strategies.* Berkeley：University of California Press.

Rose, R.（2005）. *Learning from comparative public policy：A practical guide.* London and New York：Routledge.

Sandelowski, M., Cocherty, S., & Emden, C.（1997）. Qualitative metasynthesis：Issues and techniques. *Research in Nursing and Health, 20,* 365–371.

Schofield, J. W.（2002）. Increasing the generalizability of qualitative research. In A. M. Huberman & M. B. Miles（Eds.）, *The qualitative researchers' companion*（pp. 171–204）. Thousand Oaks：Sage.

Spaans, M., & Louw, E.（2009）. *Crossing borders with planners and developers and the limits of lesson-drawing. City futures in a globalising world.* Madrid：University Rey Juan Carlos of Madrid.

Stead, D.（2012）. Best practices and policy transfer in spatial planning. *Planning Practice and Research, 27*（1）, 103–116.

Stead, D.（2016）. The use of academic research in planning practice：Who, what, where, when and how? *Planning Theory & Practice, 17*（3）, 453–456. https：// doi.org/10.1080/14649357.2016.1190491.

Stead, D., Dejong, M., & Reinholde, I.（2008）. Urban transport policy transfer in central and Eastern Europe. *Disp：The Planning Review, 44,* 62–73.

Stone, D.（1999）. Learning lessons and transferring policy across time, space and disciplines. *Politics, 19,* 51–59.

Stone, D.（2004）. Transfer agents and global networks in the "transnationalisation" of policy. *Journal of European Public Policy, 11,* 545–566.

Straatemeier, T., Bertolini, L., te Brömelstroet, M., & Hoetjes, P.（2010）. An experiential approach to research in planning. *Environment and Planning B,37,* 578–591.

Tan, W.（2011）. *NICIS KEI case study #1：Perth, Western Australia.*

Tan, W. G. Z., Janssen-Jansen, L. B., & Bertolini, L.（2014a）. The role of incentives in implementing successful transit-oriented development strategies. *Urban Policy and Research, 32,* 33–51.

Tan, W. G. Z., Janssen-Jansen, L. B., & Bertolini, L.（2014b）. Identifying and conceptualizing context-specific barriers to transit-oriented development strategies: The case of the Netherlands. *Town Planning Review, 85,* 639–663.

Thomas, R., & Bertolini, L.（2014）. Beyond the case study dilemma in urban planning: Using a meta-matrix to distil critical success factors in transit-oriented development. *Urban Policy and Research, 32*（2）, 219–237. https: //doi.org/10.10 80/08111146.2014.882256.

Thomas, R., & Bertolini, L.（2015）. Policy transfer among planners in transit-oriented development. *Town Planning Review, 86*（5）, 537–560. https: //doi.org/10.3828/ tpr.2015.32.

Translink.（2012）. *Transit-oriented communities guidelines. Creating more livable places around transit in metro Vancouver.* Vancouver: TransLink.

United States Department of Transportation（USDOT）.（2018）. *Integrating shared mobility into multimodal transportation planning: Improving regional performance to meet public goals.* Report number DOT-VNTSC-FHWA-18-13.

Van Egmond, P., Nijkamp, P., & Vindigni, G.（2003）. A comparative analysis of the performance of urban public transport systems in Europe. *International Social Science Journal, 55*（176）, 235–247.

Walter, A. I., & Scholz, R. W.（2007）. Critical success conditions of collaborative methods: A comparative evaluation of transport planning projects. *Transportation, 34,* 195–212.

Yin, R. K.（1981）. The case study crisis: Some answers. *Administrative Science Quarterly, 26*（1）, 58–68.

Yin, R. K.（1994）. Case study research: Design and methods（2nd ed.）. Thousand Oaks, CA: Sage.

Yin, R. K., & Heald, K. A.（1975）. Using the case survey method to analyze policy studies. *Administrative Science Quarterly, 20,* 371–381.

第3章

国际案例研究

摘要：全世界许多城市 / 地区都希望推进 TOD 在本地的实施。如果规划师、政治家、公务员等利益相关方能够借鉴其他地方的政策理念，那么他们就可以利用这些理念来促进本城市 / 地区的政策发展。首先，我们基于每个城市 / 地区的概况和元分析研究了 11 个 TOD 实施的案例。然后，我们介绍了对成功实施 TOD 至关重要的因素，以及案例研究中一些增加成功率的政策观点和经验示例。最后，我们讨论了如何让规划师和政策制定者将两场研讨会上的学习成果应用于荷兰的两个城市地区。我们发现，各国独特的文化、规划实践和制度对 TOD 实施障碍和相应解决方案的形成起到重要作用。

关键词：政策学习，合作，参与主体联系，公众参与

世界上很多城市和地区都希望通过 TOD 来解决自身问题，包括减少机动车出行、停车需求、道路拥堵，增加公共交通客流、出行方式选择，以及改善就业和服务等。我们深知，如果规划师、政治家、公务员等利益相关方能够借鉴其他地方的政策理念，那么他们就可以利用这些理念来促进本城市 / 地区的政策发展。

在本章中，我们将介绍 11 个研究案例，其中也包括我们以往研究

中的 TOD 实施案例。首先，我们将讨论如何甄选案例，介绍每个城市 /
地区的概况，并讨论案例研究的元分析结果。其次，我们将介绍对成功
实施 TOD 至关重要的因素，以及案例研究中一些增加成功率的政策观
点和经验示例。最后，我们将讨论如何让规划师和政策制定者将两场研
讨会上的研究学习成果应用于荷兰的两个城市 / 地区。我们的研究重点
在于了解当地规划师是否可以利用政策观点和经验来启发本地区制定自
己的 TOD 实施解决方案。研究目标是通过激发新的思维方式来推动荷
兰城市 / 地区 TOD 实施取得突破，让这些城市的 TOD 不再局限于火车
站区域，而是作为一套全面的政策工具来解决可持续发展、增长管理和
公共卫生等城市问题。

　　毫无疑问，我们的研究结果能够为寻求全面实施 TOD 的其他城市
和地区提供借鉴，但挑战是会一直存在的。各国独特的文化、规划实践
和制度会对 TOD 实施障碍和相应解决方案的形成起到重要作用。

3.1

案例选择

　　正如我们在第 2 章中所讨论的，贝托里尼和斯皮特、塞维罗、纽
曼、柯蒂斯等人均有尝试过 TOD 交叉案例分析，并试图寻找案例之间
的一些共性。然而，案例比较并非他们唯一关心的问题，因此他们没有
花大量时间来探索 TOD 的共同要素或特征，以及能够让 TOD 跨案例
成功落地的因素。

　　因此，在这项研究伊始，我们的目标之一就是打破个案研究的局
限，整合现有的案例研究以提炼出通用模式。从 30 多个备选的国际城
市 / 地区中，我们确定了符合以下标准的研究案例：

1）以案例研究报告、政策文件和支撑学术文献的形式，完成了关于该城市/地区TOD的案例研究。

2）该城市/地区需具备至少20年通过实施TOD来整合交通和土地使用政策的经验。

3）每个城市都有三名当地专家协助作者进行研究。

符合标准的案例城市/地区有东京、珀斯、墨尔本、蒙特利尔、温哥华、多伦多、那不勒斯、哥本哈根、阿姆斯特丹-乌特勒支、鹿特丹-海牙和阿纳姆-奈梅亨。

在第2章的讨论中，我们通过文献总结出了TOD的定义。从中可知，一系列"成功"和"失败"案例都是不可或缺的。诺尔斯（Knowles）和大温运联将TOD定义为城市发展和增长管理中更广泛的精明增长方法的一部分。欧洲城市的TOD实施方法也于21世纪初开始演变，囊括了美国和澳大利亚城市所采用的更具区域性的出行需求方法，而非仅专注于单个火车站地区的经济复苏和多式联运重新设计。因此，被本研究划分为成功案例的城市/地区必须在区域尺度上尝试将出行方式从机动化转向步行、自行车和公共交通。支持步行、自行车和公共交通走廊的发展（更新）比独立、分散的火车站的发展（更新）更成功。基于这些考虑，我们对TOD的定义如下：

TOD是一种土地使用和交通规划，这种规划能够使步行、骑行和公共交通出行更加方便快捷。通过聚焦地铁站、公交站和换乘车站周边的开发，TOD还能使现有公共交通服务效率最大化。TOD的成功就是指能够在区域范围内实施该类型的开发。

对案例研究文档的分析包括：为每个城市/地区创建报告，然后使用文献中发现的5个主题对案例报告进行编码：

1）政策的一致性。

2）参与者及其角色。

3）土地使用与交通的联系。

4）特定政策和工具 。

5）TOD 实施障碍。

接着，我们需要将编码后的数据输入元矩阵中（即单个电子表格，使我们能够很容易地识别各种案例模式）。在详细讨论该过程之前，我们先对案例进行介绍。

3.2

城市 / 地区概况

本节将从 5 个主题介绍每个城市 / 地区，并说明每个城市 / 地区的主要优势和劣势。

1. 东京

东京案例展现出了土地使用和交通规划政策间强大的协调能力，几十年来一以贯之的政策也有力支持了城市公共交通走廊的发展。地区内的铁路公司持有并负责开发铁路沿线的土地，同时尤其注重全天候吸引用户。由于日本铁路网庞大、城市开发密度高，国家政府对 TOD 给予高度支持。城市总体规划涉及与私营开发商的广泛协商，特别是铁路公司的产权划分，而有时则会以牺牲公众参与为代价。由于规划指南较为灵活，开发商可以在市政府划定的区域（火车站或再开发区）附近实现更高密度的容积率（FAR）奖励和补偿政策，建筑物的高度和占地面积通常难以预测。

2. 珀斯

"远见卓识"对 TOD 在珀斯的推广来说至关重要。因为珀斯的土地使用政策前后不一，且近期才制定出发展愿景。通过组织广泛的公众参与，如"对话城市与智慧出行"等活动，该地区逐渐形成了自己的发展愿景。人们对于新政策的尝试意愿也十分强烈，珀斯已实施了多个 TOD 项目。尽管 TOD 参与主体之间的协作有所增加，但是由于上级政府的变动，珀斯土地使用和交通机制也存在各种正式和非正式的变化，十分不稳定；与 TOD 相关的大量治理问题仍然存在。用地规划方和交通规划方对 TOD 的定义存在差异，这也使得 TOD 实施变得更加复杂。

3. 墨尔本

市地两级的碎片化治理体系和低效的协作水平导致墨尔本针对不同行政区划采取了截然不同的土地使用和交通政策。尽管公众对倡导公共交通和提高开发密度的接受程度正在上升，但对于未来增长和发展的看法还未达成一致。尽管没有正式的区域土地使用规划机构，但地方政府和协会之间的非正式合作已被纳入创新战略和规划的制定中。在 2008 年交通基础设施高水平治理论坛上，我们可以看到一些积极尝试的意愿，有关各方讨论了制度整合和实施障碍等话题。此外，墨尔本已经规划了一些乘坐公共交通可达的活动中心，但这些活动中心有很多都位于城市外围。

4. 蒙特利尔

蒙特利尔的交通和土地使用规划仍处于割裂状态，各部门在规划和政策制定上鲜有合作。当然也有一些土地规划政策得以长期实施，比如使用密度奖励、长期租赁和容积率奖励等，从而促进地铁站周围的增长。蒙特利尔地区的治理高度分散，涉及多方参与，且省级政府对交通基础设施的支持也不稳定。尽管现在已有许多 TOD 项目立项，但这些项目在区域战略中呈现出独立、分散的模式，而非廊道或网状模式。

5. 温哥华

几十年来，温哥华的发展愿景始终如一（首先是宜居区域战略规划，然后是宜居区域规划，现在是区域增长战略），地方政治高度稳定。然而，省级和国家层面的局势不稳定导致 TOD 的政策支持存在差异。市际间开发项目和资金竞争激烈也限制了 TOD 的实施。区域土地使用规划咨询机构与交通机构密切合作，制定了区域规划和指南，并为快速公交系统（BRT）和轻型快速公交系统（LRT）规划出交通运输通道。该地区的城市土地使用规划整合了高频次的交通网络（由地区交通当局开发）以实现新的增长。温哥华市在官方网站上清楚地说明了密度奖励、容积率转移等工具的使用，以便开发商了解相关政策工具的使用场景和方法。规划流程中的公众参与度很高，而且教育领域也增加了对 TOD 的支持。

6. 多伦多

多年来，多伦多市通过区划奖励措施来提高地铁站周边的开发密度。尽管多伦多被纳入一个更大的区域（由安大略省主导，涵盖 110 个下辖市的超大区域）增长计划，但数十年来，增长政策的不一致导致了区域愿景的缺失。缺乏联邦和省级交通基础设施的支持，地方政治的高度不稳定以及市际间开发项目的激烈竞争，也使 TOD 的实施变得复杂。2006 年，多伦多在首个区域交通运输机构的倡议下首次制定出区域交通运输策略；尽管大城市的治理仍然十分分散，但该策略的制定在某种程度上改善了地区内交通运营商高度分散的状况。虽然一些城郊地区形成了多个高密度交通走廊，拥有方便快捷的公共交通和综合交通中心，但 TOD 在区域内的发展仍十分有限。在这样一个大型城区，公众对高密度、TOD 和参与交通规划过程的支持度远低于预期。

7. 那不勒斯

那不勒斯是一个特别有趣的案例：几十年来，地方和国家两级的政治持续不稳定，该市在争取土地使用规划立法的审批和实施方面困难重重。这些困境导致了严重的问题，例如条件薄弱的地区过度开发造成山体滑坡。TOD 参与主体之间竞争激烈、鲜有合作，这也是那不勒斯面临的重要挑战。那不勒斯市长安东尼奥·巴斯索里诺（Antonio Bassolino）是几位富有远见的管理者之一，1993 年上台后发起了一系列重大变革，例如将原本用于停车的空间重设为行人专用的公共广场。市长还获得了包括欧盟在内的上级政府支持，重建主要火车站。通过实施那不勒斯和坎帕尼亚区域地铁系统项目这一重要地区性规划，那不勒斯现已广泛落实了 TOD 项目，并改善了土地使用和交通规划部门之间的协作以及跨学科落实 TOD 的方法。

8. 哥本哈根

哥本哈根的"指状规划"（Finger Plan）是一项国际知名的发展规划，也是最早的 TOD 案例之一。但是，由于城市没有严格遵守该规划要求或其他 TOD 政策，因此落实情况并未达到预期。2007 年，地方政府进行了改革，并且制定了关于"指状规划"的官方指令，因此在公交车站以及某些地区（例如欧瑞斯塔）的开发变得更加集中。扬·盖尔（Jan Gehl）等几位有远见的专家一直在积极地推动集约发展，公众对市区振兴项目和骑行的支持度也有所增加。但是，大多数居民仍然更喜欢住在郊区，通过开车出行的方式满足大部分日常需求。哥本哈根的 TOD 仍然面临着诸如城市间开发竞争激烈、参与各方缺乏协调、缺乏特定工具来促进指定地区发展等方面的挑战。

9. 阿姆斯特丹 – 乌特勒支

阿姆斯特丹和乌特勒支在交通方面构成了兰斯塔德的北翼（南翼包括鹿特丹和海牙），尽管其具备战略意义，但该地区缺乏完备的区域规划。但作为多中心城市地区，阿姆斯特丹和乌特勒支成功保持了相关政策的长期一致，并获得了政府对 TOD 的高度支持。过去城市之间长期的非正式合作并没有帮助他们就 TOD 实施进行协调，项目一直停留在规划阶段，难以落地。但是，自行车出行政策和有关项目已经大幅减少了人们对汽车的使用。公众参与交通规划程度低，关键前景规划的缺乏，尝试新政策或工具的意愿较低仍然是阿姆斯特丹和乌特勒支实施 TOD 过程中的障碍。

10. 鹿特丹 – 海牙

与阿姆斯特丹和乌特勒支一样，鹿特丹和海牙的相关政策也保持了一致性，且政府对 TOD 也给予了高度支持。通过行政管理平台（大都市区和南翼地区管理平台）进行更正式的合作可以确保各城市和地区充分讨论有关策略和政策。区域项目案例需要开展广泛项目合作，包括兰斯塔德铁路（能够连接地区市中心和新居住区）、"城市铁路（Stedenbaan）"协议（允许 11 个司法管辖区协调区域内交通和土地使用）以及"城市铁路＋（StedenbaanPlus）"计划（不仅将城市合作伙伴数量增加至 47 个，还扩充了 TOD 的范畴，使之涵盖车站区的质量）。根据"城市铁路"协议，2006—2010 年间，南翼新建住房中有 45％位于指定车站附近。这种在区域层面上落实 TOD 的努力，以及尝试治理和参与主体合作的高度意愿在荷兰都是独一无二的。

11. 阿纳姆 – 奈梅亨

阿纳姆和奈梅亨同样保持了一些政策上的一致性，并且政府对

TOD 也给予了高度支持。该地区历史悠久的有轨电车也被纳入了轻轨开发的全新规划中。城市间的非正式合作包括阿纳姆 - 奈梅亨城际铁路开发，例如 BRT 线路（两个城市之间的高频通勤火车服务）。由于城市、地区和国家主管部门之间进行了正式的谈判，因此交通规划并未涉及太多公众参与。包括一名国会议员在内的众多远见卓识之士均主张采用 TOD。

从这些资料中我们可以明显看出，每个案例研究都有其优势和劣势：在实施 TOD 时，没有哪个案例是完全成功或彻底失败的。为了了解更多可以跨案例实现的模式，下一节将使用元矩阵对有关信息进行元分析。

3.3

元分析：去背景化

案例研究文件的分析包括为每个城市／地区创建一份报告，然后使用 5 个主要代码对案例报告进行统一编码：政策一致性、参与主体及其角色、土地使用和交通之间的协调情况、特定政策和工具，以及 TOD 实施障碍。随着被编码的数据被输入元矩阵（行：案例研究；列：5 个代码类型）中，模式变得清晰起来。

根据我们对 TOD 成功的定义，案例之间确实是存在一种模式的，这种模式能够跨越地理或政治差异而持续存在。实施 TOD 的成功因素或阻碍因素被记录在每个案例对应的代码下面。如文献中所述，这些"关键成功因素（Critical Success Factor，CSF）"是通过将编码数据迭代输入元矩阵并按时间排序获得的，这类因素能够帮助我们了解每个案例中关键计划和措施的进展情况（图 3.1）。这一过程非常有利于深度研

究数据和案例，因为定性数据被读取、编码后在矩阵中重新排序，大大
提高了研究人员识别模式的能力。

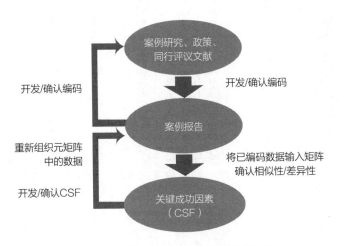

图 3.1   关键成功因素提取过程（CSF）

关键成功因素

如第 1 章结尾所述，我们的研究目标是探索 TOD 中的参与主体、
政策和治理安排。因此，16 个 CSF 被归为了 3 个类别：规划和政策、
参与主体、实施。许多 CSF 都是从事 TOD 研究的交通人员所熟知的
（例如，关键的远见卓识和政策一致性），尽管有些因素是在实践中讨论
获得，而非学术研究得出（例如，城市间的竞争和开发商的确定性）。
有些 CSF 完全受城市 / 地区政府控制，例如规划过程中的公众参与或
政策一致性，而另一些则不然，例如上级政府的支持、国家层面的政策
稳定性。尽管如此，每个案例都涵盖了全部的 16 个 CSF：与个例研究
相比，这种通过对已完成的案例研究进行元分析的方法更容易获得普适
性的结论。我们认为，通过采用这种案例交叉分析的方法，我们能够成
功识别在其他城市 / 地区成功实施 TOD 的关键因素。

16 个关键成功因素（CSF）的完整列表见表 3.1。

表 3.1　TOD 关键成功因素（CSF）示例

		关键成功因素	
		促进 TOD 成功的因素	阻碍 TOD 成功的因素
规划和政策	政策一致性	长期一致的 TOD 支持政策（如哥本哈根）	多变的 TOD 支持政策，重大变化
	愿景稳定性	非常稳定的愿景，例如城市/地区的土地使用–交通规划或城市可持续发展等愿景（如温哥华、哥本哈根）	极其不稳定的愿景，随着时间的推移有重大变化
	政府支持	上级政府的大力支持（如那不勒斯）	缺乏上级政府的支持，没有政策或资金
	政策稳定性（国家）	TOD 国家层面 TOD 政策规划支持稳定（如哥本哈根、东京）	TOD 国家政策规划支持极其不稳定，随着时间的推移出现重大变化
	政策稳定性（地方）	地方政府 TOD 政策规划支持稳定（如温哥华、哥本哈根）	TOD 地方政府政策规划支持极其不稳定，随着时间的推移出现重大变化
参与主体	参与主体联系	区域内城市参与主体之间联系良好（如鹿特丹、海牙）	区域内城市之间联系较少或没有联系
	区域土地使用–交通规划管理机构	设立了区域性土地使用–交通规划管理机构（如珀斯、温哥华）	没有区域用地–交通规划管理机构（咨询或监管）
	城市间竞争	城市之间没有新开发项目/资金方面的竞争（如珀斯、东京）	城市之间新开发项目/资金方面的竞争非常激烈

实施		多学科背景的实施团队	仅特定团队实施 TOD（如独立的规划师或工程师）
实施	广泛存在实施 TOD 的多学科团队（如那不勒斯）	多学科背景的实施团队	仅特定团队实施 TOD（如独立的规划师或工程师）
	土地使用 – 交通规划流程有公众高度参与（如珀斯、温哥华）	公众参与度	缺乏公众参与，公众参与或不感兴趣
	公众对高密度、公共交通的接受度极高（如温哥华、阿纳姆、茶梅亨）	公众接受度	公众不接受"高密度、公共交通"
	许多有影响力的关键远见者（如那不勒斯）	关键远见者	缺乏关键的远见者
	广泛使用因地制宜的规划工具（如东京、温哥华、蒙特利尔、多伦多）	因地制宜的规划工具	缺乏因地制宜的规划工具
	交通走廊的规划，例如针对交通运输走廊协调土地使用和交通规划（如东京、温哥华、多伦多）	区域层级 TOD 规划	缺失走廊或站区规划
	开发商的高度确定性（如东京、珀斯）	开发商的确定性	不确定性；开发商不了解"TOD 激励相关的政策、工具和地点"
	参与者们非常愿意尝试新的政策、实践和工具（如东京、珀斯、阿纳姆、茶梅亨、鹿特丹、海牙）	实践的意愿	参与者不愿意尝试新的政策、实践和工具

当地参与主体应当将 CSF 理解为提供给市政府或地区政府的建议，而非实施 TOD 时需要逐一核对的项目清单，这样才能打破一贯模式的局限。例如：

- 如果有关方难以开发更清晰的工具或无法确定交通枢纽附近的开发地点，那么地方政府可以制定一份优先开发新住宅或商业空间的枢纽清单，然后通过"因地制宜的工具"（如容积率奖励）来促进这类地区的开发。

- 如果社区居民不支持在交通走廊附近提高开发密度，那么可以通过"宣传科普"的形式，向居民说明在未来 10 年或 20 年内城市需要通过集约用地来应对人口增长的道理。

- 如果没有区域层面的土地使用和交通管理机构，区政府、市政府、交通主管部门和开发商可以组成一个工作组或指导委员会，定期召开会议，分享各自的方法、方案和成果。假以时日，这可能成为一种非正式或正式的合作关系。

为了协助当地参与主体了解其所在城市的优劣势，我们可以使用简单五分制排名量表进行测度（表 3.2）。通过组织会议的形式，来自不同机构和组织的代表分别按照表 3.1 中的 16 个 CSF 项，对各自的城市 / 地区进行打分。这将帮助他们了解自己地区哪些层面是最薄弱的，而这些弱项也将决定他们在未来几个月或几年里可能需要关注的领域。

我们将排名量表应用于案例研究，并邀请了每个城市 / 地区的三位专家来验证排名。首先，专家们用五分制量表给自己的城市 / 地区打分，然后，我们综合研究院人员和专家打分情况，形成表 3.3。表 3.3 为综合排名，研究人员和本地专家分数各占 50% 权重。因此，该表列出了每个案例的综合排名，不仅反映了我们对已完成的案例研究报告和文件的理解，也反映了本地规划专业人士的看法。当我们获得这些案例间的模式后，下一步就是与荷兰规划部门分享我们的发现。

表 3.2 确定案例优劣势的关键成功因素（CSF）排名量表

关键的成功因素	打分				
	1	2	3	4	5
您认为随着时间推移，规划政策对 TOD 的支持一致吗（包括特定车站、客运通道、自行车及步行基础设施）？					
您认为随着时间推移，城市地区的发展愿景稳定吗（例如城市 / 地区的土地使用、交通或城市可持续发展）？					
您认为高层政府支持 TOD 吗（例如，征收汽油税以支持公共交通、推出国家车站选址或重建政策、为自行车基础设施提供省级资助）？					
您认为国家政策支持稳定吗？					
您认为当地政策支持稳定吗？					
您认为 TOD 参与主体（包括政府类、私营类和其他类主体）之间的联系密切吗（例如沟通、协作、目标或愿景是否协调、角色定位是否清晰）？					
区域层面是否有土地使用和交通管理机构（咨询或监管）？					
您认为在新项目开发 / 资金方面，该地区有多少城市是竞争而非合作关系？					
TOD 的实施是否涵盖跨学科背景团队？					
您认为公众在土地使用和交通一体化规划过程中的参与程度高吗？					
您认为公众对 TOD 的接受度有多高（包括提高开发密度、倡导公共交通）？					
您认为随着时间的推移，是否有富有远见的人士影响了 TOD 的推广应用（例如当选者、公民或商业领袖）？					
您认为当地有充分使用"支持 TOD 的特定地点规划工具"吗（例如容积率奖励、空间权租赁、密度指标）？					
您认同 TOD 是区域层面的规划并且需要土地使用和交通协调发展吗（例如将特定街道作为公共运输通道或区域铁路走廊）？					
您认为 TOD 开发商的确定性程度如何（例如具备支持集约开发的规划和政策、车站地区设有多用途的工具、指定的开发区 / 运输通道）？					
您认为 TOD 参与主体开展实践的意愿如何（例如从其他环境中学习，开发新工具）？					

表 3.3　编码化数据矩阵

类别	关键成功因素	TOK	PER	MEL	MON	VAN	TOR	NAP	COP	AMS	ARN	ROT
规划和政策	政策一致性	4	3	3	3	5	2	2	4	3	3	3
	愿景稳定性	4	3	2	4	5	3	2	4	3	3	3
	政府支持	3	4	3	3	3	2	4	3	4	4	3
	政策稳定性（国家）	4	4	3	3	3	3	2	4	2	2	2
	政策稳定性（地方）	4	4	3	3	4	2	2	5	2	3	3
	参与主体联系	4	3	2	3	4	3	2	3	2	4	4
	区域土地使用－交通管理机构	3	4	1	3	4	3	2	2	1	4	4
	城市间竞争	4	4	3	1	2	2	2	2	2	3	3
参与主体	跨学科实施团队	4	3	2	3	4	3	4	3	3	3	3
	公众参与度	2	4	3	3	5	3	2	2	1	3	2
	公众接受度	3	3	2	3	3	3	3	3	3	4	2
	关键远见者	2	4	1	4	4	3	3	3	2	3	3
实施	因地制宜的工具	5	3	2	4	5	3	2	2	3	2	2
	区域 TOD 规划	4	4	2	3	5	4	4	4	3	4	3
	开发商的确定性	5	4	2	3	4	3	3	3	3	3	3
	尝试意愿	5	4	2	4	4	3	3	3	3	4	4

为了解荷兰当地参与主体是否会从国际案例研究中吸取经验来弥补国内城市 / 地区的短板，我们分别在阿姆斯特丹 - 乌特勒支和鹿特丹 - 海牙举办了两场政策学习研讨会。为了最大限度地提高荷兰规划部门从其他案例研究中学习的潜力，当我们给出在其他地区行之有效的政策案例时故意隐去了案例所在地区的名称。这种政策理念的去背景化能够让参与主体将 CSF 和政策理念理解为放之四海而皆准的概念。这些政策理念或经验教训可以由规划部门自行理解，例如通过媒体活动、研讨会和游戏来构建该地区的发展愿景，而不必非要依附于特定的背景进行规划。我们认为"去背景化"具有其必要性，因为荷兰此前对 TOD 的研究和倡导已经表明，荷兰的规划部门非常不愿意从那些与自身文化、地理或政治背景具有明显差异的城市（比如东京）或国家身上吸取经验。在研讨会上，利益相关方则开始把这些经验重新置于当地的背景中来进行思考。

3.4
政策学习：再背景化

由于 TOD 和交通规划过程通常非常复杂，涉及不同级别的政府、私营组织、公共部门，以及各种各样的行政部门。因此，我们希望这两场研讨会能够尽可能涵盖数量更多、类别更多的参与主体。我们旨在让参与主体从其他案例研究中获得政策启发，同时认识到照搬政策理念是不可取的。我们希望把政策理念 / 经验教训从背景中剥离出来，以便各参与主体能够了解什么类型的解决方案可能在荷兰奏效，从而制定出适合荷兰国情的方案。为了衡量这些政策理念 / 经验教训是否真的被移植到了荷兰，我们对参与者在研讨会前后的想法进行了调查。

我们基于格林的学习方法对研讨会进行了设计。该方法指出，第一阶段学习帮助参与主体在自身认可的看法范围内反思自己的日常行为；第二阶段学习帮助他们跳脱既定的看法并参与到实践中，让他们去了解自己日常观念不同的新观点。格林认为，彻底改变固定思维需要两个阶段的学习，而反过来打破原来思维又会进一步促进两个阶段的学习。为了让荷兰的规划者摆脱他们常规的思维方式，研讨会将按以下流程进行：

1）简单介绍 CSF，包括所有 11 个案例研究的排名表。

2）采用五分制 CSF 排名量表，让参与主体了解所在城市地区的优劣势。

3）运用从国际政策中获得的经验教训来解决当前识别出的本地劣势。

4）讨论荷兰开展政策移植的挑战和机遇。

这两场研讨会分别在兰斯塔德地区的北翼（阿姆斯特丹 - 乌特勒支）和南翼（鹿特丹 - 海牙）举行。与会人员包括 8 位城市规划师、5 位交通规划师、2 位建筑师和 1 位项目经理，其中部分人身兼多职。来自阿姆斯特丹大学、代尔夫特理工大学和内梅亨大学的 6 位土地使用和交通规划研究人员及三个项目的负责人也参与了本研究。参与者事先收到了 CSF 清单、早期阶段研究发现的讲解，以及研讨会期间"两阶段学习"的说明。

3.4.1　识别短板

通过采用五分制排名量表，与会人员发现了阿姆斯特丹 - 乌特勒支和鹿特丹 - 海牙地区的以下短板：

1）与规划学科以外的参与主体，特别是国家、政府的联系薄弱。

2）不愿意尝试新的管理安排、政策或想法。

3）缺乏公众参与，导致公众对社区规划知识不了解。

1. 参与者主体联系薄弱

在荷兰，只有一小部分 TOD 领域从业人员精通 TOD 方面的技术，比如基础设施规划。尽管他们能够定期会面并组织活动，但正如一位建筑师所说，"这个问题我们已经讨论了 30 年，现在也应该知道该怎么做了"。阿姆斯特丹研讨会上的一名城市规划师指出"当前大众对参与开发和执行的各方缺乏信任"。

海牙研讨会上出现了更牢固的参与者关系：与会者提到了"城市铁路"协议，即鹿特丹、海牙与其他 9 个城市就"战略交通和用地规划"达成的正式协议。但即便如此，与会者也指出当前讨论太多，行动却太少，城市层面仍然缺乏始终如一的 TOD 支持政策。

阿姆斯特丹的一位交通规划师指出，该地区城市之间的竞争仍然阻碍着 TOD 的落实与发展，这导致"没有人关注城市之间的问题"。

荷兰未对 TOD 采取多学科的研究方法：两场研讨会的参与者均指出，经济学家、社会学家、开发商和生态学家没有被涵盖在交通规划中。非正式的治理机构，如 TOD 委员会或咨询小组，仍然是一个外来的概念，并未达成跨学科合作（例如，用地规划、交通规划、金融和城市发展都是在不同的部门或组织中进行的）。但是，与会者也指出，在经济危机期间，市政当局由于无法再自行建立项目，近期已经开始向协作模式转变：

我们正在从"纸上谈兵"转向"落地实施"，您还将看到组织机制上的转变。具有不同职责的组织之间正在进行对话。（交通规划师，阿姆斯特丹）

例如，奈梅亨、阿纳姆和几个较小的城市批准了一条新公交线路。与会者表示他们非常关注国家政府在 TOD 中所起的作用。国家政府对 TOD 发展至关重要，因为国家能够为 TOD 项目提供资助、制定法律法规，并为地方政府制定激励措施，而许多参与主体表示他们未能与国家政府形成良好的联系：

我们不清楚政府想要什么。政府有一些公共交通的实施规划，但我们并不清楚，政府也不愿公开，所以我们无从知晓这些规划是什么，也不知道应当如何利用这些规划。每当我们提及这个疑问，他们就会说说，政府部门之间还在讨论之中……他们不想分享。（城市／交通规划师，阿姆斯特丹）

过去国家层面的强烈参与使得这一问题更加复杂，例如国家重点项目和主要火车站的重大翻修工程，这些工程在 20 世纪 90 年代制定的政策中被确定下来，但直至此次研讨会举行时才得以实施。与会者认为，国家政府有一些支持 TOD 的一贯政策，但在实施时并不稳定，例如，1998 年 ABC 选址政策试图将增长引向火车站地区。国家重点项目情况都很好，例如，任仕达重点清单（Randstad Urgent）（2007）在该地区优先开发了 33 个基础设施项目，但各市还需要在主要火车站以外的区域积极建设交通基础设施：

……我们（城市）讨论 TOD 时，几乎总是在关注城市节点或者高乘坐率专用车道。关注点几乎都是地方和区域相关的内容。政府部门的每个人都告诉我，这些事不需要麻烦国家，所以政府把这项工作交给你们。（阿姆斯特丹城市规划师）

例如，代尔夫特大学（University of Delft）是国际知名大学，每年全球排名都位居前 20 名。国家政府却把建设有轨电车的资金交给了代

尔夫特市。这根本无济于事。（交通规划师，阿姆斯特丹）

重点关注火车站而不愿采取措施建设交通运输通道（快速公交或轻轨列车等）表明，TOD 的某些方面（例如经济发展、国家重要车站区域的再开发）主导权在国家政府。尽管其他方面的 TOD（如公共卫生、可持续性）可以通过小规模局部规划实现，如宜人的步行环境、自行车道和信号灯系统、多用途的土地开发等，但这些都不是 TOD 在荷兰所必需的。

2. 不愿尝试

与会者在研讨会上表示，伴随着长期的经济危机，发展中有许多停滞不前的情况。例如，市场上的办公空间过剩问题（其中大部分办公空间位于火车站附近的交通便利区域）不利于进一步的发展。但海牙研讨会的一位规划师指出，有些城市已经开始冒险。

在阿纳姆、奈梅亨，我们有一些非常有远见的城市规划师，他们开始了一项新的规划——"振兴 11 个老旧火车站"。因此，即使是在较小的城镇，规划师也开始看到，他们可以连接这些地区，在车站的另一边进行开发。过去 7 年间我们取得的成果就在于培训了这样一群规划师并让他们学有所成，而现在，他们也能够非常自豪地为其他规划师提供培训。（海牙交通规划师）

3. 缺乏公众参与

总体而言，荷兰的公众参与仅限于对最终规划或项目发表评论，这是许多国家法律要求的最基本的参与水平。规划早期阶段的磋商限于小规模的地方项目，而不是具有国家重要意义的大型项目。海牙研讨会的一位与会者指出，人们可能会更多地参与到土地使用等当地规划方面，比如步行和自行车道，以及车站附近精心设计的公共空间，而不是大规模的规划或政策制定。在一个居住密度高和铁路通勤为主体的国家，荷兰的规划师可能不需要向社区居民讲解土地使用和交通规划的必要性即可说服他们支持 TOD。另一位与会者指出，如果问人们 TOD 是什么，他们可能不知道，但他们确实会支持新的公共交通基础设施：

> ……他们确实会使用火车站。去年，国内乘坐有轨电车的人数从 2.5% 上升到 4%……所以 TOD 这个概念、相关的落地方式以及我们进行开发的区域会受到大家的喜欢。（海牙用地／交通规划师）

这些评论再次表明，小规模和局部规模常见的 TOD 用地设计与荷兰的 TOD 规划无关。

3.4.2 克服短板

在第二个阶段的学习中，与会者被问及他们如何克服所在地区的主要短板以扫除 TOD 实施的相关障碍。在小组讨论之后，整个大组举行了一次全体讨论。小组和大组的讨论主题都以电子方式被进行记录、转录和分析。

1. 参与主体联系

阿姆斯特丹研讨会的与会者认为，为了使 TOD 得到更广泛的实施，区域内需要一个共同的"故事"来协调 TOD 中不同参与主体之间的目标。一个小组进一步发展了这个想法：兰斯塔德地区由铁路连接的 4 个城市（阿姆斯特丹、乌特勒支、鹿特丹、海牙）的现实状况可能是故事的一个元素。但是这个故事也应该包括土地使用和其他问题，并且可以传播给合作伙伴、规划之外的专业人士和公众。

使土地使用规划师、交通工程师和其他 TOD 利益相关方参与进来是一个共同的主线。在海牙研讨会上，人类学家、社会学家、市场营销/传播专家和说客提出建议，这将帮助 TOD 专家理解为什么人们会使用某个特定的车站，或者他们如何在公共空间交流，并且还会产生新的思维方式，这显然是促进 TOD 落实必不可少的内容。

阿姆斯特丹和海牙研讨会中都出现了关于区域交通 - 土地使用机构的讨论：

为了提高效率，我们需要建立正式和非正式的关系。但这需要"权力"。因为其他一些官方参与主体只有在你拥有某种形式的权力（某种决策权）时才会听取你的声音。这样他们才会更加认真地对待你的意见。（交通规划师，阿姆斯特丹）

你不必为了提高效率而把事情正式化……我认为当我们还是需要一个区域交通管理部门来和国家政府合作。（阿姆斯特丹城市规划师）

但是，一位与会者提到，阿姆斯特丹可能要过 10 年才会出现这样一个组织。在海牙研讨会中，一位与会者表示，区域内市政当局有必要就土地目标达成共识，例如如何布局新的办公空间等，以避免出现办公空间过剩的情况。

大多数与会者建议较低级别的政府应通过税收或指定拨款等措施提升责任和为改善交通提供资金的能力。这类举措将有效地减少与国家政府改善关系的需求，这是两个城市/区域都存在的明显短板。

2. 公众参与

虽然有些与会者认为，只有具备专业知识的规划师才能做出重大决策并制定方案用于公众咨询，但也有几位与会者提到，可以利用游戏的潜力，让社区居民了解不同类型的交通基础设施或项目之间的权衡。其中一位与会者提到了在特定的社区使用邮寄调查卡而非在线调查的形式来收集意见。

　　一些参与者认为，更好地宣传 TOD 的概念能够让人们将 TOD 视作达到目标的途径，而非目标本身。另一位与会者提到，TOD 能够为协调不同议程和优先事项提供解决方案。让不同的组织接受 TOD 并将其作为公共卫生或增长管理等问题的解决方案，实际上比花时间为该地区的交通 - 用地规划制定一个集体愿景更重要。实际上，TOD 可以用来帮助实现多个目标，无论是提高交通运输效率，城市的经济增长，还是更好地设计公共空间，都是如此。

3.5

政策理念 / 教训被移植了吗？

　　为了了解与会者在研讨会中的收获，我们采用了前后对比的调查方式，要求与会人员用 1~5 分来表示他们对相关陈述的认同程度。表 3.4 显示，与研讨会前相比，研讨会后相关人员对 TOD 产生了更加积极的预期。相比研讨会前表现出的消极态度，更多与会者在研讨会后表示，他们"将在日常规划实践中采纳研讨会的见解"。研讨会的学习帮助与会者们了解了 TOD 实施障碍的潜在解决方案，并就潜在解决方案达成一个共同的愿景。对于"很难将来自其他背景下的政策和想法应用到荷兰的规划环境中"这一说法，参与者的想法发生了转变——更多的人在研讨会后不再认同这一说法，转而认为来自其他规划背景的政策和想法有助于确定本区域交通和用地规划的短板，并有助于在研讨会结束后为本区域选择 TOD 战略 / 备选方案。大多数人都认同他们的组织有能力运用来自其他背景下的解决方案（政策和想法）。

在某些问题上，参与者的态度没有转变，而仅是表示他们会在研讨会前后将研讨结果传达给组织的其他成员。也有与会者坚持认为，他们所在组织的文化不允许使用来自其他规划背景的政策和想法。对于"机构之间的政策冲突阻碍了相关方运用其他规划背景解决方案（政策和想法）"这一说法，研讨会后的回应则表现出更大的分歧。

表 3.4　研讨会前后的调查结果

认同程度	完全不同意		不同意		不确定		同意		非常同意	
关于研讨会	前	后	前	后	前	后	前	后	前	后
我认为 TOD 实施研讨会对我来说是有用的										
我认为这个过程可以帮助我与其他与会者互动，并了解他们对问题的看法										
我认为研讨学习将帮助我理解 TOD 实施中的障碍										
研讨学习将帮助我理解能够解决 TOD 实施障碍的方案										
在研讨会上，我们将对该地区的问题达成共识										
在研讨会上，我们将会就 TOD 的目标达成共识										
在研讨会上，我们将就潜在解决方案达成共识										
我们将有足够的时间来完成学习										
我可能会在我的日常规划实践中采纳研讨会的意见										
我很可能会把研讨会的结果传达给组织的其他成员										

（续）

认同程度	完全不同意		不同意		不确定		同意		非常同意	
关于关键成功因素和政策移植	前	后	前	后	前	后	前	后	前	后
我对于不同类型的政策转移（复制、模拟、组合、启发）有很好的理解										
我对在问题中起作用的过程有一些见解										
我认为很难将来自其他背景的政策和想法应用到荷兰的规划环境中										
来自其他背景的政策和想法为规划问题提供了新的见解										
我的组织有能力运用来自其他背景的解决方案（策略和想法）										
机构之间的政策冲突阻碍了其他规划方案（政策和想法）的运用										
来自其他规划背景的政策和想法不太可能用于长期规划决策，因为我的组织不熟悉它们										
使用 CSF 和 RSA 规则产生的结果与我的组织的政治原则是一致的（注意：这个问题不能在研讨会前提出）										
我工作所在组织的文化不允许使用来自其他规划背景的政策和想法										
TOD 方面的机构合作缺乏正式/非正式的激励措施是落实 TOD 的障碍										
来自其他规划范畴的政策和意见对找出区内交通和土地使用短板十分有用										
来自其他规划背景的政策和想法，将有助于为本地区选择 TOD 策略/方案										

与会人员还会被问及他们从研讨会中获得的最重要的经验或见解。从回应可以看出，他们普遍认为需要改善 TOD 相关的沟通，这样才能帮助公众广泛理解 TOD 概念，意见包括 TOD 需要突破技术统治主义的局限；TOD 能够解决更大的社会问题；有关方既要拓展 TOD 的内涵也要精简 TOD 的落实环节。

我们认为政策移植研讨会能有效将政策想法 / 经验移植给实践人员。同时，参与者似乎也从其他国家的案例中学习了一些可以应用到日常实践中的想法。即便如此，TOD 在荷兰的发展仍然面临一些制度和文化障碍。对 TOD 感兴趣的荷兰规划师（少数 TOD 专家）认为这是一个理想的概念，但他们仍不确定如何实施（例如，谁是牵头组织？过程如何规划？什么样的法律法规或政策能够推动 TOD?），这方面的主要问题在于缺乏尝试意愿和与会人员联系不紧密。目前，TOD 仍然被理解为仅仅是一个车站区域再开发的概念，而非一套更广泛的政策工具。后者涵盖了城市干道规划，从而提升步行和骑行体验，改善电车和当地公交车等公共交通基础设施。与会人员自己也指出，对 TOD 的片面理解是因为，似乎只有具备基础设施开发专业知识的交通规划师才了解 TOD。TOD 作为一种政策概念并没有完全移植到荷兰；关于跨学科合作、区域间合作以及用地和交通规划一体化的政策想法和经验并没有从其他国家移植过来。最后，与美国、加拿大和澳大利亚相比，荷兰的规划师们表示，自己没有接受过公共咨询技术方面的培训，因为荷兰的规划实践比其他国家相比，自上而下的特征更明显。对于 TOD 小规模实施来说，"公众对提高开发密度、多用途土地使用规划和投资交通基础设施的支持"具有其必要性。国家当前面对复杂问题（诸如管理水平）也更加希望能够进行对话、建立共识。因此，提高 TOD 规划的公众参与度仍然具有较大的发展潜力。

虽然荷兰的土地使用和交通规划师熟悉 TOD 理念和"更硬"的手段（如用地政策），但他们不太熟悉"更软"的、可复制的经验，这些经验对于 TOD 的成功推广至关重要，例如良好的参与主体联系，国家政府的支持，多学科的研究方法和积极的公众参与。研讨会的参与者们很愿意学习其他国家案例中"更软"的政策构想，并准备将其传授给自己的组织，这或许会对 TOD 向交通运输通道和有关地区的拓展产生长期影响，而不是仅仅停留在车站地区。

3.6

对本方法的思考

我们选择城市 / 地区案例时，首先列出了一份含 30 多个备选案例的名单，随后删去了不满足三项条件的相关案例。最严苛的条件是，要求每个城市 / 地区有三位当地专家能够帮助我们评估案例。在研究的展示和发布阶段，我们从反馈中还发现了另一个局限性，那就是样本中缺乏美国城市 / 地区。因为 TOD 政策的很多创新都来自美国城市，例如，在规划工具和策略上推动 TOD 的实施，以及在社区福利上防止低收入居民迁移等。我们找不到美国本土专家是因为我们的培训和专业人才都来自加拿大和荷兰，同时我们的研究合作网络也仅涵盖了部分国家。

使用完结案例进行研究，我们可以在短短 6 个月内比较 11 个案例，这比收集每个案例的原始数据并分析案例内模式所需的时间要短得多。元矩阵方法还能整合定性数据（如政策工具、访谈记录）和定量（如模态份额、人口）数据。在元分析中并不缺乏分析数据，因为深入研究的案例通常是较容易获得的；唯一需要注意的是，要使用元矩阵，案例必须具有相似性。在本研究中，单个案例的研究数据由一名研究人员编码，其他研究人员则就该项目的数据进行讨论。如果有几个研究人员同时进行分析，数据代码就需要开发并得到一致同意（标准化），这将增加时耗和复杂性，因为开发代码是一个迭代过程。此外，也可以使用从文献中延伸出来的一系列变量进行变量导向分析。这是元分析的另一种运用方法，可能会产生不同的结果。

元矩阵的另一个潜在缺点在于，虽然它对于揭示交叉案例分析结果和提炼 16 个 CSF 至关重要，但它没有告诉我们哪个因素对成功实施 TOD 最为重要。我们尝试通过粗略的数据集分析来了解这一点。分析表明，影响 TOD 实施效果最重要因素是国家政策稳定、区域内的参与主体的联系、区域土地使用和交通管理部门、跨学科团队和公众参与。次重要的因素分别是政策一致性、关键的远见者和因地制宜的规划工具。然而，我们后来发现，对于每个地区的利益相关者方来说，使用 16 个 CSF 的完整量表来评估他们自己的城市 / 地区更有意义。

我们发现政策移植研讨会有其积极效果。研讨会可以迅速触达更多从业者和学者，并应用于不同的政治、地理或社会背景。虽然参与者显然不会完全照搬某一政策、想法或制度，但他们确实从"去背景化"的想法中获得了启发。我们的确可以看到，文化和制度障碍在政策移植过程中产生了影响：一方面，将 TOD 理念移植到荷兰基本没有具体的行动或结果。这可能是因为 TOD 的参与主体之间联系不够密切，国家政府的支持或指导很少，规划师或政策制定人员几乎没有尝试的意愿，并且由于荷兰规划师默认公众咨询程序不必太复杂，所以 TOD 的公众参与也相对缺乏。与会者还指出，尽管借鉴其他地区的政策理念能够帮助他们理解 TOD 可能存在的障碍，并就可能的解决方案达成共同愿景，但其各自所在的组织文化并不支持这些解决方案的实施。

3.7

结论

本章介绍了我们在交叉案例分析中研究 TOD 实施的 11 个城市 / 区域实例。案例内容集中在政策的一致性、参与主体及其角色、土地使用与交通的协调、具体的政策和工具以及 TOD 的障碍等方面。从开发编码的案例报告、内容文件和元矩阵的迭代中可以清楚发现，在案例交叉分析中的确存在持续性的模式。这些关键的成功因素不仅体现了促进 TOD 成功实施的因素，还揭示了相关的阻碍因素。

由于每个案例都有三位本地专家提供帮助，CSF 在我们对每个城市地区进行排名时发挥了重要作用。随后，我们把整个案例研究结果带给荷兰的规划师，利用政策学习研讨会的方式，观察其他案例研究结论是否可以引起大家对 TOD 的创造性思考。我们发现，当地规划师比其他人更容易接受新想法，因为后者对 TOD 的认知有限，缺乏与公众的接触，参与主体联系薄弱，并且不愿意尝试新的管理手段。

如果我们在案例研究中使用其他方法进行比较和分析，结果可能也会有所不同。但我们相信，我们的研究结论仍然有足够的说服力，可以与其他用地和交通规划师分享。特别是，我们列出的关键成功因素可以用来讨论政策，并在负责 TOD 实施的利益相关方之间建立更牢固的联系。政策移植面临的障碍仍然存在，包括文化、政治、地理和法律环境的差异。我们了解到，荷兰的规划师对 TOD 作为基础设施概念的理解相当有限，而对土地使用和公共交通一体化、公共卫生和增长管理的理解则更为宽泛。规划师可能会由于接受的培训不同，从而形成不同的 TOD 相关技能体系：在荷兰，公众参与方面的培训较少，导致公众咨询过程不够成熟。

在第 4 章中，我们将讨论实施 TOD 的持续障碍和潜在的解决方案。

参考文献

Adenot, F. J.（2007a）. *Ville de Longueil：Place Charles-Le Moyne.* Recherche URBATOD etude de cas, Departement d'etudes urbaines et touristiques,Universite de Quebec a Montreal（UQAM）.

Adenot, F. J.（2007b）. *Ville Mont-Royal：Les entreprises ferroviaires orientant ledeveloppement urbain.* Recherche URBATOD etude de cas, Departement d'etudes urbaines et touristiques, Universite de Quebec a Montreal（UQAM）.

Allum, P.（2003）. The politics of town planning in post-war Naples. *Journal of Modern Italian Studies, 8*（4）, 500–527.

Bertolini, L.（1998）. Station area redevelopment in five European countries：An international perspective on a complex planning challenge. *International Planning Studies, 3*（2）, 163–184.

Bertolini, L., & Spit, T.（1998）. *Cities on rails：The redevelopment of railway station areas.* London/New York：Spon/Routledge.

Bertolini, L., Curtis, C., & Renne, J.（2012）. Station area projects in Europe and beyond：Towards transit oriented development? *Built Environment,38*（1）, 31–50.

Bull, A. C.（2005）. Democratic renewal, urban planning and civil society：The regeneration of Bagnoli, Naples. *South European Society and Politics,10*（3）, 391–410.

Cascetta, E., & Pagliara, F.（2008）. Integrated railways-based policies：The Regional Metro System（RMS）project of Naples and Campania. *Transport Policy, 15*（2）, 81–93.

Cervero, R.（1998）. *The transit metropolis：A global inquiry.* Washington, DC：Island Press.

Chapple, K., & Loukaitou-Sideris, A.（2019）. *Transit-oriented displacement or community dividends?* Cambridge, MA/London, UK：MIT Press.

Chorus, P.（2012）. *Station area developments in Tokyo and what the Randstad can learn from it.* Amsterdam：University of Amsterdam.

Chorus, P., & Bertolini, L.（2016）. Developing transit-oriented corridors, insights from Tokyo. *International Journal of Sustainable Transportation, 10*（2）, 86–95.

Curtis, C. (2008). Evolution of the transit-oriented development model for lowdensity cities: A case study of Perth's new railway corridor. *Planning Practice and Research, 23* (3), 285–302.

Curtis, C., & Scheurer, J. (2012). *Benchmarking public transport accessibility in Australian cities.* Paper presented at the Australasian transport research forum.

Curtis, C., Renne, J. L., & Bertolini, L. (Eds.). (2009). *Transit oriented development: Making it happen.* Farnham/Burlington: Ashgate Publishing.

Dolowitz, D., & Marsh, D. (2000). Learning from abroad: The role of policy transfer in contemporary policy making. *Governance, 13* (1), 5–24.

Duffhues, J. (2010). *Transportation as a means for densification–Or the other way around?* Paper presented at Colloquium Vervoersplanologisch Speurwerk,Roermond, The Netherlands.

El-Geneidy, A., Kastelberger, L., & Abdelhamid, H. T. (2011). Montreal's roots: Exploring the growth of Montreal's indoor city. *Journal of Transport and Land Use, 4* (2), 33–46.

Filion, P. (2001). Suburban mixed-use centres and urban dispersion: What difference do they make? *Environment and Planning A, 33* (1), 141–160.

Filion, P., & McSpurren, K. (2007). Smart growth and development reality: The difficult co-ordination of land use and transport objectives. *Urban Studies,44* (3), 501–523.

Filion, P., McSpurren, K., & Appleby, B. (2006). Wasted density? The impact of Toronto's residential-density distribution policies on public-transit use and walking. *Environment and Planning A, 38* (7), 1367–1392.

Gelli, F. (2001). Planning systems in Italy within the context of new processes of 'regionalization'. *International Planning Studies, 6* (2), 183–197.

Grant, J. (2002). Mixed use in theory and practice: Canadian experience with implementing a planning principle. *Journal of the American Planning Association, 68* (1), 71–84.

Grin, J. (2010). The governance of transitions. In J. Grin, J. Rotmans, & J. Schot (Eds.), *Transitions to sustainable development: New directions in the study of long term transformative change* (pp. 265–285). New York/London: Routledge.

Hartoft-Nielsen, P. (2007). Deconcentration of workplaces in greater Copenhagen–

successes and failures of location strategies in regional planning. In E. Razin, M. Dijst, & C. Vaquez（Eds.）, *Employment deconcentration in European cities （ springer GeoJournal library 91 ）*（pp. 53–87）. Dordrecht: Springer.

Keurs, K., Maat, K., Rietveld, P., & De Visser, G.（2012）. *Transit oriented development in the Randstad south wing: Goals, issues and research.* Paper presented at the Building the Urban Future and Transit Oriented Development Conference, Paris.

Knowles, R. D.（2012）. Transit oriented development in Copenhagen, Denmark: From the finger plan to ϕestad. *Journal of Transport Geography, 22,* 251–261.

Langendijk, A., & Boertjes, S.（2012）. Light rail: All change please! A post-structural perspective on the global mushrooming of a transport concept. *Planning Theory, 12* （3）, 290–310.

Legacy, C., Curtis, C., & Sturup, S.（2012）. Is there a good governance model for the delivery of contemporary transport policy and practice? An examination of Melbourne and Perth. *Transport Policy, 19*（1）, 8–16.

Meijers, E., Hollander, K., & Hoogerbrugge, M.（2012）. *Case study metropolitan region: Rotterdam-The Hague.* The Hague: European Metropolitan Network Institute/European Regional Development Fund.

Mouritz, M., & Ainsworth, L.（2009）. Successful delivery mechanisms: Coordinating plans, players and action. In C. Curtis, J. L. Renne, & L. Bertolini（Eds.）, *Transit oriented development: Making it happen*（pp. 171–183）. Burlington: Ashgate Publishing.

Naess, P.（2005）. Residential location affects travel behavior—But how and why? The case of Copenhagen metropolitan area. *Progress in Planning,63*（2）, 167–257.

Naess, P., Strand, A., Naess, T., & Nicolaisen, M.（2011）. On their road to sustainability? The challenge of sustainable mobility in urban planning and development in two Scandinavian capital regions. *Town Planning Review,82*（3）, 285–316.

Newman, P.（2007）. Planning for TOD in Australian cities. *Building Environment Design Professionals Environment Design Guide, 2*（15）, 1–11.

Nijkamp, P., van der Burch, M., & Vindigni, G.（2002）. A comparative institutional evaluation of public-private partnerships in Dutch urban land-use and revitalisation projects. *Urban Studies, 39*（10），1865–1880.

Pagliara, F., & Papa, E.（2011）. Urban rail systems investments：An analysis of the impacts on property values and residents' location. *Journal of Transport Geography, 19*（2），200–211.

Perl, A., & Pucher, J.（1995）. Transit in trouble? The policy challenge posed by Canada's changing urban mobility. *Canadian Public Policy, 21*（3），261–283.

Programmabureau StedenbaanPlus.（2011）. In P. StedebaanPlus（Ed.），*Stedenbaan Plus*. Den Haag：Bestuurlijke Platform Zuidvleugel.

Raad, T., & Kenworthy, J.（1998）. The US and us. *Alternatives Journal,24*（1），14–22.

Schwanen, T., Dijst, M., & Dieleman, F. M.（2004）. Policies for urban form and their impact on travel：The Netherlands experience. *Urban Studies,41*（3），579–603.

Spaans, M., & Louw, E.（2009）. *Crossing borders with planners and developers and the limits of lesson-drawing. City futures in a globalising world*. Madrid：University Rey Juan Carlos of Madrid.

Tan, W. G. Z.（2009）. *Policy context of key transit-oriented projects for station locations within the Netherlands*. Paper presented at TU Berlin, Centre for Metropolitan Studies.

Tan, W.（2011）. *NICIS KEI case study #1：Perth, Western Australia*.

Tan, W., Bertolini, L., & Janssen-Jansen, L.（2012）. *The role of implementation barriers and institutional incentives in transit-oriented development：The cases of Perth, Portland and Vancouver*. Paper presented at the AESOP 26th annual congress. Ankara, Turkey.

Thomas, R., & Bertolini, L.（2015）. Policy transfer among planners in transitoriented development. *Town Planning Review, 86*（5），537–560. https：//doi.org/10.3828/tpr.2015.32.

TransLink.（2012）. *Transit-oriented communities guidelines. Creating more livable places around transit in Metro Vancouver*. Vancouver：TransLink.

Van Egmond, P., Nijkamp, P., & Vindigni, G.（2003）. A comparative analysis of the performance of urban public transport systems in Europe. *International Social Science Journal, 55*（176），235–247.

TOD

第4章 持续性挑战和潜在解决办法：
公平的 TOD

摘要：借鉴其他城市和地区的政策思想很有意义，但实施阶段的障碍可能仍然存在。TOD 的持续性障碍包括可支付住房减少、成本问题、区划和其他法规问题、政策一致性和计划协调性以及公众的反对意见。在本章中，我们给出了新的案例与分析，即此前 11 个研究案例以外的市政当局所面临的挑战和解决方案，从而扩大了可用于学习借鉴的潜在政策理念与概念的范围。基于近年来许多国家实践 TOD 面临的现实挑战，作者尤其专注应对 TOD 的公平性挑战，这也是美国政策创新的一大关键领域。这些解决方案可以帮助应对我们在国际研究文献以及在与荷兰利益相关方研讨会中都观察到的 TOD 面临的持续性挑战。

关键词：公平性，交通基础设施，可支付住房，迁移，政策工具

TOD 已成为国际上公认、被效仿和推广的政策概念。正如我们所见，学习其他城市和地区的经验固然很有意义，但实施方面的障碍可能仍然存在，这些障碍包括机构组织的文化、特定国家的规划实践、机构参与者之间的关系或其他某地特有的因素。

在上一章中，我们已经介绍了 11 个案例研究结果，并展示了其他城市如何在实践中借鉴其经验。本章将回顾可能在 TOD 的落地中发挥作用的其他因素，并将重申由于案例选取而导致元分析中未出现的 TOD 障碍与挑战。这使我们能够提供一些新的示例，即 11 个研究案例之外的市政当局面临的挑战和解决方案，从而扩展了可用于其他城市和地区借鉴学习的潜在政策理念与概念集合。我们尤其关注 TOD 领域的公平性挑战，这是近年来许多国家和地区所面临的障碍，也是美国政策创新的关键领域。

值得注意的是，出于某些原因，本章中引用的许多文献都来自美国。第一，美国是一个非常庞大的国家，拥有广泛且固定路线的公共交通网络（重轨、轻轨，有时也包括快速公交系统）。因此，在美国有很多 TOD 实施的例子。第二，美国 TOD 案例在文献中的主导地位无疑与我们对英语文章的依赖有关。在本章中提及美国的解决方案可能会弥补上一章研究样本中对于美国案例的欠缺。第三，私营房屋市场为美国提供了大多数住房，这意味着住房可支付能力是一个长期存在的问题，特别是在大都市地区和铁路服务的地区。在这种情况下，美国引入了特定的工具和策略来鼓励在关键地区（包括交通便利的地区）建造可支付住房。第四，美国城市的种族主义和种族隔离导致了低收入社区普遍缺乏投资。当在这些地区提议并建设新的基础设施时，不可避免地会引起社区的变化；在某些情况下，还会因地区士绅化而导致原住居民被迫迁移。查普尔和卢凯图·塞德里斯将此称为"TOD 的灰色面"。最后，美国的规划程序和文化包括广泛的公众参与：关于交通议题的积极主义者和社区主导的抗议活动可以追溯到 20 世纪 50 年代，近年来，社区成员和机构组织在包括 TOD 在内的交通重塑项目中发挥了作用。

因此，尽管本章其余部分提出的许多解决方案都显然植根于美国的政治、地理和规划体系背景，但我们在此介绍这些方案的原因在于其助力解决 TOD 实施过程中存在的持续性挑战。这些挑战源于我们对国际文献的观察，亦或我们与荷兰利益相关方的研讨会。

4.1

公平性挑战

4.1.1　站点和廊道上的可支付住房减少

公共交通的主要优势之一是将人们与大城市地区提供的工作、教育、医疗卫生和其他服务联系起来，这对于低收入、没有私家车的人来说尤其重要。但是，交通管理和规划部门并不总是将这些交通用户（包括老年人、未成年人和青壮年、移民和有色人种）的需求列为优先事项。正如第 1 章所言，交通基础设施建设项目曾对社区具有负面影响，包括在规划过程中忽略社区价值、通过大规模基础设施进行社区分割和隔离，以及 20 世纪五六十年代城市居民的大规模被迫迁移。该主题的文献很多，特别是在城市规划领域，数十年来环境正义和公平性一直是人们关注的重点。

近年来，此前公共交通服务未覆盖区域开展建造和扩展公共交通系统的项目对社区产生了重大影响（如在没有广泛的铁路和其他公共交通基础设施的美国、加拿大和澳大利亚城市）。例如，在丹佛，一项交通扩展计划将增加 196km 的轨道，29km 的快速公交和 55 个公共交通站点；2017 年，丹佛地铁公寓中有 29％位于火车站 800m 范围内。这种集聚式的增长可能有助于减缓郊区蔓延的速度。

尽管所有这类建设对于那些寻求面向可持续发展的私家车替代方案

的城市和地区来说是利好消息，但 TOD 也会带来许多负面影响。由于资本和运营资金有限，对 TOD 的项目投资可能会迫使管理部门减少对公交线路的投资，并且开发过程可能会对当地企业造成困扰，因为施工期间当地企业或许面临销售量下降的危机，施工完成后又发现租金上涨。许多社区担心公共交通基础设施附近高涨的住房需求可能导致低收入居民被迫迁移。此外，由于低收入人群的公共交通出行比例明显高于高收入人群，美国交通局更加依赖低收入群体用户，因此"交通机构可能会发现自己因自己所推进的公共交通系统扩张而承受损失，这种扩张引发了投机性房地产市场的发展，拔高了土地租金，但几乎没有新增公共交通用户"。正如查普尔和卢凯图·塞德里斯指出的那样，被迫迁移这一现象在美国以及其他经历了殖民侵略，随后针对土著及少数族裔人口进行了土地掠夺和种族排斥的国家中都有着深厚的根源。他们指出，在柬埔寨、菲律宾、埃塞俄比亚、印度和巴西等国家，铁路项目及其相关工程的发展导致居民被强行驱逐，并在某些情况下被迫迁移到周边地区。

在加拿大，格鲁伯·卡弗斯（Grube-Cavers）和帕特森（Patterson）在温哥华和多伦多发现"地区士绅化"和"与附近士绅化地区相联系的快速公共交通站点是否邻近"间存在显著相关性；约翰斯（Jones）发现由于 TOD 相关政策的推进，位于本那比的架空列车走廊沿线存在可支付住房减少的现象。埃斯佩塞斯（Espeseth）的研究表明，位于哈利法克斯提议开发的 TOD 节点（约瑟夫·豪的未来发展节点）周边，公共土地和非营利性住房的比例很高，可能导致公共交通基础设施完工后，更容易出现可支付住房减少的现象。为避免此类情况，该市需要统筹协调可支付住房规划与公共交通规划之间的关系，包括征地以及寻找稳定的资金来建造或翻新可支付住房。

对居住于丹佛火车站步行 10min 范围内的多户公寓中的 2400 多个混合收入家庭的研究发现，市场价住房中租客更有可能将私家车作为最常用的出行方式，占比达 69%。相比之下，低收入居民中该比例仅为 34%。当提供免费的公共交通出行服务时，在市场价住房的居民中，只有 28% 的居民选择使用公共交通方式通勤，低收入居民中该比例高达 92%。在波士顿地区的 345 个公共交通车站区域（包括高频公交线路的车站）的比较中，表现最佳的车站区域具有宜人的建成环境、社会环境和公共交通系统，兼具以上特点可减少小汽车出行，增加公共交通乘客数量并促进社会公平。实际上，四项指标对于家庭用车差异性的解释度达到 87%：无车居民比例、收入低于 25000 美元的家庭比例、车站区域租住户数比例以及基于社区技术中心（Center for Neighbourhood Technology）提出的"住房 + 交通指数"（Housing + Transportation Index）所表征的可支付水平。

Renne 等人比较了美国 39 个地区的 4400 个固定路线的公共交通站点，将其分类为 TOD 站点（步行得分大于或等于 70，住房总密度为每英亩至少 8 户）、混合型站点（仅符合单项 TOD 标准）或公共交通毗邻发展模式站点（不符合任何一个 TOD 标准）。他们发现，TOD 站点周边住房的购买或租赁价格更高，但与混合型或公共交通毗邻发展模式的站点相比，在 TOD 站点周边居住具有更高的可支付水平，因为家庭的交通成本较低（例如，使用公共交通而非购买小汽车）。TOD 站点区域、公共交通服务频率较高的站点区域、靠近市中心的公共交通站点以及人口岗位密度较高的站点区域通常可降低家庭的交通支出。相关学者认为，现有公共交通车站区域具有巨大的发展潜力，因为目前只有 36% 的车站区域附近住房密度超过每英亩 8 户，同时站域内的居民如果使用公共交通出行，那么交通成本占家庭收入的百分比将维持在较低水平。然而：

"尽管 TOD 站域内的交通成本可支付水平较高，但 TOD 站域内的住房市场正在迅速升级。除非尽快推行政策以提高未得到充分利用的固定路线公共交通车站区域的住房密度，否则 TOD 站域内数量有限的住房很可能会继续升值，最终超出普通美国人的承受能力。"

4.1.2 对于地方经济的影响

查普尔和卢凯图·塞德里斯在国际文献中还发现了四种商业士绅化现象：零售升级、旅游士绅化、艺术区和 TOD 站域。零售升级需要吸引新型顾客，而新型商店和服务通常与历史或社区特色不符（例如，提供高端有机食品或美食的商店）。这种做法可能会将长期生活工作在社区里的居民和企业主排除在外。当地区商业协会、市政机构或私营部门的开发者试图为了一己私欲而从该地区的民族文化中获利时，旅游士绅化就应运而生，这种现象反而会提高该地区的租金并导致原住居民被迫迁移。艺术区的特别指定和市场营销最终导致当地艺术家被迫迁移。在 TOD 站域中，旧金山教会区的商店更倾向于满足更大区域而非当地的需求，而原住于此的西班牙裔企业的倒闭比例更高。

洛杉矶的唐人街公共交通车站开通于 2003 年，对当地居民拥有和经营的小型企业产生了长期影响。采访结果显示，社区公益活动人士和商店所有者忧虑于当地长期存在的主营业务部分面临倒闭，而新业务吸引的新顾客数量增加。在旧金山，特梅斯卡（Temescal）社区的当地原住居民经营商店的零售额减少了15%，大型购物中心、餐厅和咖啡馆的零售额增加。采访结果表明，店面租金上涨是一大原因，而另一个原因则是当地顾客流失：随着当地居民搬离此地，原来的商店无法再依赖当地顾客。

4.1.3 公平性问题需要公平的解决办法

虽然这些问题可能是美国政治、文化和地理环境的产物，却值得着重考虑，因为同类问题可能正在其他国家或地区上演，而更公平的 TOD 将会更加完备。密尔沃基市在最新的 TOD 地区计划中指出：

"人们也越来越认识到，公平性必须成为 TOD 规划的基础。尽管新开发项目有很多利好因素，包括社区中新住房和购物选择更加广泛，纽约市税基增加，但新开发项目（包括 TOD 项目）的收益并不总是平均分配的……从最根本层面来看，公平增长意味着开发项目的受益，不会造成当地居民被迫搬离或邻里文化特征被迫改变，而且历史上处于不利地位的群体能够借由投资于公共交通和 TOD 项目所创造的机会获得财富。"

坦率地说，世界上许多城市和国家都缺乏更完备的 TOD 方法。许多美国城市和地区提倡公平的 TOD（eTOD）。该类型发展"通过将收入受限人群的住房（可支付住房）整合到车站区域的开发中，为这种开发投资与当地居民收益分离的问题提供一种解决方案，否则在车站区域内可能会主要吸引市场化住房"。在后文中，我们将介绍许多工具、策略、规划法规和流程，它们已促使美国城市和地区的 TOD 更加公平，并为其他国家提供启发。当我们进行研究时，对 TOD 发展收益分配公平性及其负面影响的关注才开始形成。如前一章所述，公平性并不是令我们所研究的 11 个 TOD 案例成功实施的公认因素。目前，公平的 TOD 的相关因素已被很好地整合到了美国的 TOD 方法中。

令人惊讶的是，许多用于促进更公平的 TOD 的工具和策略也同样有助于解决我们在文献中发现的许多 TOD 持续存在的障碍：除了维护可支付住房之外，它们还解决了 TOD 对当地企业的负面影响问题、

TOD 的成本问题、规划法规问题、公众的反对意见以及缺乏上级政府支持等问题。

4.2

促进更加公平的 TOD 发展理念的工具和策略

4.2.1　评估交通投资的影响

美国有很多工具可以帮助规划师、开发商和社区组织评估公共交通投资对特定社区的潜在影响。社区技术中心于 2006 年提出的"住房 + 交通指数"，帮助用户找出交通和住房成本都处于低位的区域：即交通便利且仍可支付得起住房成本的区域。该指数现已应用于 917 个大都市和小城市地区，可覆盖 94% 的美国人口。美国住房和城市发展部（The US Department of Housing and Urban Development）开设了地区可支付能力指数和门户网站，可展示住房和交通成本在不同境况家庭中所占家庭收入的百分比。杜卡奇斯城市与区域政策中心开发了一套公平的 TOD 评分体系：该体系评估了车站区域的公共交通支撑能力，重点是公共交通服务水平与可达性、附近居民使用公共交通出行的比例以及站域内建成环境的特征。包括丹佛在内的许多地区已经开发了地区公平性地图集，用于展示前往工作地或服务目的地的交通可达性。

穆勒（Mueller）等人将公共交通和商业走廊作为维护现有可支付租赁住房的场所，提出了走廊住房维护工具，并进行了比较和排序。作者将走廊分为三类：

1）走廊沿线有大量可支付住房和优质的工作机会，并且发展压力相对较低，这意味着购置和维护建筑物可能具有更高的成本效益。

2）走廊沿线的发展压力相对较高，有良好的工作机会但可支付住房存在减少的趋势，表明需要采取紧急措施以防止可支付性住房完全消失。

3）走廊沿线主要为低薪工作机会且通过公共交通可达就业岗位数量较少，因此可支付住房的维持存在困难。

这些工具可以帮助市政府和州政府了解哪些地方由于新建公共交通设施，可能导致当地居民或企业被迫迁移，以及应该在哪里集中精力维护或新建可支付住房。为了适应国际化语境，需要使用所涉及相关国家的官方数据库（例如人口普查数据、国家出行数据）来重建这些工具。

4.2.2 公共交通设施邻近地区房地产购买或持有情况

为了维护或新建可支付住房，许多城市和地区已决定投资征购未来公共交通基础设施附近的用地，以后可由非营利组织或对建造可支付住房感兴趣的开发商进行开发。此举在美国、加拿大、澳大利亚、英国等房屋市场私营的国家尤为重要。欧洲部分国家的公共住房比例非常高，因此情况大不相同。然而，这些策略通常包含对 TOD 至关重要的区域性城市发展方法，可以与维护和新建可支付住房以及增长管理策略相结合，以便将城市的增长集中在已经拥有高质量基础设施和服务的地区。例如，丹佛的城市土地管理公司（the Urban Land Conservancy in Denver）收购并持有了拟建公共交通设施周边的房地产，直到车站区域的租金上涨到足以吸引可支付住房开发商的水平。

美国各州对"为低收入家庭购置、翻新或新建出租住房的行为"提供免税政策。尽管这些住房不一定必须位于公共交通设施或线路附近，但大约一半的州住房财政机构在其评分标准中为公共交通附近的项目提供了额外积分，另一半则为生活福利设施和资源的可达性提供额外积分。但是，贫困与种族研究行动委员会（2015）报告称，在过去 20 年中，通过惠及低收入家庭而获得免税资助的可支付住房开发项目中，只有 16% 位于公交车站的 800m 之内，4.3% 位于 400m 之内。其主要障碍是高昂的土地成本和对可支付住房的"邻避症候群"态度（"这是个好主意，但别弄在我家后院"）。

当波特兰修建有轨电车黄色线路（Yellow Line）时，该线路的规划目标是服务低收入和少数族裔社区，俄勒冈州三县都会区交通局（TriMet）动用了联邦交通管理局下拨的剩余资金来购买该社区的房地产（该线路在预算内已实现完工目标）。波特兰发展委员会和城市用地规划部门共同确定了车站的位置并促成了最终的联盟，与俄勒冈州三县都会区交通局合作确定并征购了走廊沿线的潜在开发地区，并与社区成员合作以使他们放心并解决对高层建筑和士绅化的担忧［贫困与种族研究行动委员会（Race Research Action Council）］。俄勒冈州三县都会区交通局的房地产团队征购了周边的地产、车站和铁路的路权空间以及建设筹划区，其中许多都是空置、未充分使用或废置的地产。TriMet 的资产管理／开发政策的重点是提高公共交通客流量，并为中低收入家庭提供可支付住房和公共服务。其补充的 TOD 政策要求俄勒冈州三县都会区交通局最大化地产开发的密度，减少对小汽车的依赖，激活公共空间并支撑实现社区发展愿景。帕顿公园（Patton Park）是其中的一个项目，该社区共有 54 户可支付住房，包括为家庭收入低于地区收入中位数 50% 的家庭提供住房以及为家庭收入低于该地区收入中位数 30% 的家庭提供具有公共补贴的三居室住房。

在西雅图，海湾公共交通局（Sound Transit）推行了房地产销售的优惠政策，以使可支付住房项目切实可行。华盛顿 2015 年的一项法规规定，海湾公共交通局必须考虑在投资项目中增加可支付住房：剩余资产的 80% 必须首先用于非营利性开发、地方公共管理或住房管理。投标开发公司必须同意为收入处于中位数 80% 及以下的人们提供 80% 以上的住房户数。尽管海湾公共交通局拥有很多地产，但到目前为止，大多数项目都位于金郡（King County），而不是皮尔斯和斯诺霍米什郡。因此，直到开发商做好准备启动项目之前，地产优势可能无法弥补项目资金的不足。

4.2.3　应对可支付住房减少和地区经济下降的贷款与建设项目

成本一直是 TOD 的持续性障碍，包括高昂的土地成本，以及在建成区而非未开发用地上规划的现实困难的复杂程度。许多城市创建了贷款和其他资助计划，以鼓励 TOD，同时公平地分配收益。在住房方面，由于建造可支付住房要比市场价住房难得多，因此开发商通常会选择市场价住房新建项目。一些城市和地区已经开始逐步通过赠款和贷款等手段使可支付住房的开发在财务上更具可行性。

企业社区贷款基金与公共和私营部门的投资者合作，于 2010 年创建了丹佛地区 TOD 基金，以期在该市未来的公共交通走廊沿线新建和维护可支付住房。丹佛地铁途径的 7 个县的开发商可以获得资金，用于购买地产后新建可支付住房和配套商业空间。该基金的其中一位投资方是科罗拉多州住房财政管理局，该局为低收入家庭量身定制了住房免税计划，以便惠及公平的 TOD；其他投资方包括非营利组织，多个州的住房和经济发展部门以及美国的两家主要银行。丹佛市和丹佛县为在车站区域新建或维护可支付住房提供了资源。该基金已经发放了 16 笔贷款，并且其中 11 笔贷款现已结清，从而在公共交通设施周边新建了 1324 套可支付住房，1 座新的公共图书馆以及超过 9290m² 的配套商业和非营利公共空间。

洛杉矶地铁公司（Metro Los Angeles）的匹配贷款项目以低利率向开发商提供贷款，让他们在距离公共交通线路 800m 的范围内建造可支付住房。这笔资金允许开发商开发闲置土地或收购现有住房，以便该地区收入中位数 60% 的人们能够支付租房。洛杉矶地铁公司拥有的土地不多，所以他们选择通过提供融资的手段支持可支付住房。他们的 900 万美元捐款，加之加州捐赠基金会和当地社区发展金融机构的支持，总资金达到 7500 万美元，足以新建或维护 1500 户可支付住房。

在印第安纳州，印第安纳波利斯社区住房合作组织（INHP）、辛奈尔（Cinnaire）和摩根大通与印第安纳波利斯市和其他金融机构合作，于 2019 年启动该市首个公平性 TOD 基金。该 1500 万美元的基金来之不易，致力于在距离公共交通站点 800m 的范围内维护或新建 1000 户住房，以便在特定增长区域内创造多种可支付住房的选择。印第安纳波利斯社区住房合作组织将向该基金申请贷款以购买可用于混合用途开发并新建服务于混合收入人群住房的土地：他们认为在新建红线（Red Line）轨道交通车站区域内有 7 个非常明显的可步行城市社区，其中 4 个社区的住房租金已经远远高过中低收入家庭的可接受范围。摩根大通向公平的 TOD 发展基金拨款 50 万美元，作为其"专业社区计划（PRO Neighbourhoods Program）"的一部分，这是一项为期 5 年的社区发展计划。辛奈尔（Cinnaire）是致力于社区发展融资的合作伙伴，负责管理该基金，与以任务为中心的组织和投资者建立伙伴关系，以实现社区驱动的城市复兴。

为了防止商业士绅化导致居民迁移，西雅图的社区发展基金成立早于马丁路德金线开始建设 4 年。该基金提供资金和技术援助以帮助地区企业继续营业，包括在营销手段、准入计划、标识系统、立面改善、账务管理和法律问题等方面的援助。被迫搬迁或因施工而中断业务

的企业可获得资金援助。在明尼阿波利斯和圣保罗，铁路商业支持基金
（Ready for Rail Business Support Fund）为小型企业提供了可免除贷款，
这些企业可能由于在"中央走廊"修建轻轨而导致营业额下降。此外，
该基金还为路侧停车治理、促销活动以及其他技术援助提供贷款。当地
企业、非营利社区发展机构、地方和地区政府组成联盟来支持公共交通
走廊沿线的企业和房地产业主：公共交通走廊建设近 5 年后，近 2/3 的
企业发现就业和工资水平没有改变，仅半数企业的客户数量有所下降。

4.2.4　促进公平开发的规划法规

长期以来，区划、法规问题和缺乏规划协调一直是 TOD 的障碍。
在许多城市，高密度、混合用途、住户多元化的开发类型未经许可，而
这些要素对于成功和公平的 TOD 至关重要。许多当地管理部门正在使
用多种工具以保证 TOD 获得正向激励，并确保 TOD 为当地居民和企
业带来公平与利好。

丹佛市减少了公共交通车站区域的小汽车停车位，并在项目开发中
推广了补充性的交通需求管理政策。例如，在丹佛的 38 街和布雷克车
站，153 万美元的 TOD 基金贷款被用来购买了空置房地产，并被出售
给可支付住房开发商，该开发商的项目获得了科罗拉多州住房投资管理
局的低收入住房税收减免奖励，以支持该项目为收入处于地区收入中位
数 60% 及以下的家庭提供可支付住房。丹佛的开发费用全市统一标准，
并在车站区域引入了升级政策，鼓励市场价住房的开发商建造混合收入
住房以便提升开发密度。结果是另一家市场价住房开发商愿意为该项目
提供资金，为该地区收入中位数 30% 及以下的家庭提供可支付住房。

奥斯汀市在 2005 年通过了 TOD 条例，将未来红线轨道车站区域划
定为 TOD 区，同时划定了过渡时期的 TOD 覆盖区域，以确保实现有

利于公共交通和步行环境的开发。它还为车站区域规划编制制定了指导方针（目标而非要求），包括详述住房可支付水平分析和提供至少 25% 的新建租赁住房的策略，以便收入处于收入中位数 60% 及以下的家庭能够支付住房。该市为达到可支付住房建设目标的开发商提供了密度奖励。马丁站要求开发密度至少为 2 层，每英亩提供 45 户住房，开发商可选择提供可支付住房突破上述要求。该项目由低收入税收减免和市政住房投资局提供的贷款资助，致力于为收入中位数 30% 的家庭提供可支付住房。该市还制订了一项计划，减免相关费用，助力符合安全、混合收入、高可达性、价格合理、以公共交通为导向的原则并符合绿色建筑标准的开发项目实施，并加快开发申请的审查流程。

美国联邦交通管理局提供的技术援助可帮助城市"在公共交通车站周边或走廊沿线实现公平、紧凑、混合使用的开发，重点推动经济上处于不利地位地区的发展"。内布拉斯加州的奥马哈市利用该援助将 TOD 政策语境整合到他们的规划中：建议在一些快速公交车站区域的新建项目和腾退开发项目中，规划增加可支付住房的存量，至少以 1∶1 的比例实现可支付住房的置换。每户住房价格应该处于该地区中等收入家庭能够支付的合理价位。

2019 年，北卡罗来纳州的夏洛特市利用自由贸易协定（FTA）援助通过了新的 TOD 法规，以鼓励在现有公共交通导向发展地区推动新的开发建设。一项新的密度奖励政策允许开发商增加建筑高度，前提是在突破高度上限的每层至少有 10% 的户数属于可支付住房。或者开发商可以通过夏洛特市住房信托基金进行相关费用支付。现在该市有 4 个 TOD 地区。例如，在公交都市的核心地区（Transit Urban Center）允许建筑高度高为 40m（10 层楼），但开发商可以在高度奖励政策下可建造 91m（23 层楼）的建筑。当该建筑距离快速公共交通车站不到 400m 时，开发建筑的高度则不受限制。该市在轻轨沿线规划了 770acre 土地供 TOD 使用，并在 2019 年重新规划了土地资产分区以适应新的法规。

　　密尔沃基市在 2018 年为沃克角社区编制规划，该社区位于拟建有轨电车线路的延伸段上，规划中具体说明了将在该社区建造的新住房户数、新店面数量和新工作岗位。在区划中将增加车站附近拟建建筑的最大和最小建筑物高度（例如，将现有工商业混合区的建筑物高度增加到 13 层，调整每户住宅的最小用地面积，以允许更大的开发密度和更小户型的住房），新型区划允许在现有居民区中建设商住楼、家庭住宅以及双层、三层和四层复式住宅。实施策略包括制定土地储备策略或成立征地基金，允许市政府购买土地，并将土地捐赠或以折扣价出售给符合既定目标的开发项目。该市针对使用税收增量融资手段来支持 TOD 范围内新建可支付与混合收入住房提出了新的指导方针。

　　芝加哥于 2013 年颁布的 TOD 条例，成功推动了公共交通车站附近的发展。该市于 2019 年 1 月通过了一项有关 TOD 的市政法规修正案。该法规修改了公共交通所服务的地区范围，包括沿 8 条主要公共交通走廊的 20 多个芝加哥交通管理局指定的高客流量和高频公共交通线路附近的项目。修正案的目标是将受惠范围扩大到没有轨道交通服务的居民和企业。公平的 TOD 实施政策计划"将涉及旨在避免居民和企业迁移的战略，投资低收入社区，支持公共交通投资，并确保与社区环境相适应且合理的开发密度和停车位要求"。

4.2.5　应对公众反对意见：建立合作实践

　　公众的反对在 TOD 中是一个持续性挑战，我们在荷兰的研讨会表明基础的公众参与环节缺失与实施者之间的关系协调不足是现阶段很多

TOD 实践案例的弱点。在启动 TOD 项目时，一些城市和社区已经能够与社区组织、社区公益活动人士和不同层级政府开展合作：

"公平的 TOD 实施过程中，居民有机会提出自己对社区发展的诉求和愿景并得到倾听。该过程需要协作并且往往存在混乱，需要满足社区居民的诉求和愿景，并确保社区的发展有助于居民们实现目标。"

桑多瓦尔（Sandoval）描述了洛根高地（圣地亚哥）和博伊尔高地（洛杉矶）的社区公益活动人士和组织如何从反对 TOD 提案，最终成为项目开发的全面合作伙伴。在博伊尔高地，一项新的混合收入住房项目取代了现有的公共住房项目，使原住居民迁移，引起了社区居民的联合反对。社区组织敦促住房管理局提供充足的居民安置资源，迫使他们增加了一项条款，规定居民有权在即将搬入安置住房时对其进行检查，并在对安置住房不满意的情况下有一周的时间改变主意，而不是必须接受房屋管理局分配给他们的安置住房。东洛杉矶社区公司是一个社区组织，将一个历史悠久的酒店改造成了 50 户可支付住房。在洛根高地，社区居民对士绅化的抵制活动，与其在邻里市场（El Mercado Del Barrio）项目中体现出来的社区反对力量，最终帮助社区居民获得 93 套可支付住房，项目内原有的历史壁画得以保全，同时在社区内新增了一处广场和一家面向拉美裔消费人群的超市。由著名的本地艺术家设计的新门户面向所有人开放，而历史壁画现在受到国家历史保护规定的庇护，不能移动或破坏。

在奥克兰的弗鲁特维尔，当地社区组织联合委员会（Unity Council）推动了社区转型。他们领导了弗鲁特维尔公交村镇（Fruitvale Transit Village）的 TOD 项目，实现了居民对于保护拉丁裔零售商店的强烈诉求。与三级政府的紧密联系帮助他们获得该项目开发资金，该项目目前已成为低收入社区中公平 TOD 的典范。联合委员会与城市官员、湾区快速公共交通公司、住房管理局、政治家和当地规划者合作，发起了社区外展活动。在这三个社区中，积极行动的社区组织长期以来在公众行动和社区工作中确立了合法地位，赢得了居民的信任，并与城市规划机构、慈善机构和政府建立了非正式的政治网络。他们能够提出具体的要求，主张采取具体的规划干预措施，并依靠进步的地方政治家。族裔认同被整合进关乎资源再分配的政治议程中，增加可支付住房、获得更多的社会公共服务、改善公共空间以及加强与区域公共交通的联系。用桑多瓦尔的话说：

> "规划者需要倾听低收入群体的心声，与他们共同努力，帮助他们在特定的时间和空间里创造公平、定义公平。公平来自于背景环境、特定的历史、地方意识和特定的压迫形式。因此，在每一个社区中，对历史压迫的补偿将通过不同的文化象征性空间含义得以具象化。"

为了通过芝加哥最近的 TOD 条例修正案，芝加哥改善及系统变革工作小组的成员开始与市长办公室、城市交通和规划发展部门以及芝加哥交通局进行接触。由系统变革工作小组提出建议，"并结合公共交通所服务社区发展的优先事项进一步完善以实现公平的 TOD"。这个小组由社区技术中心共同主持，该中心也直接与社区合作以推广公平的 TOD，并维护相关主题的门户网站。门户网站有助于开发人员、社区组织和其他利益相关者充分理解在公共交通附近进行开发的社会和经济效益。芝加哥的公共汽车客流量最近有所下降，芝加哥交通管理局认为，加大力度鼓励在公共汽车线路附近进行开发并居住可以提高公共交通客流量：住在公共汽车线路附近的居民比住在地铁站附近的居民更多。芝加哥是美国唯一一个在高频率、高客流量的公共汽车走廊上倡导 TOD

的城市。

密尔沃基市为布朗兹维尔和沃克角两个社区制定了 TOD 规划，未来将在这两个社区建设新的有轨电车车站。得益于 75 万美元联邦赠款的资助，促成该规划所开展的研究一共收集了 1800 人的反馈意见，实现方式是 10 次社区研讨会、5 次计划咨询小组会议和社区活动信息发布会。在会议中提供双语翻译专员，并以西班牙语制作了宣传材料。该市付诸努力确保从事这项研究的工作人员能够代表该社区的族群利益，同时他们希望由少数族裔领导的公司能够参与该项目。该市还与两家社区组织合作，社区组织负责宣传会议的时间和地点，并协助采访当地领导人和机构组织。该市正在寻求联邦资金，以支持将有轨电车系统扩展到这两个社区，但是：

"即使没有有轨电车，该计划的目的是创造更多的对步行和公共交通友好的场所……两项计划都包括改变与有轨电车走廊相交的东西方向的慢跑街道，以提高对自行车和行人的友好性。"

2018 年，密尔沃基市公布了新的 TOD 规划，强调几个地区规划的公平优先级，包括港区规划，旨在保留工业区以保护小型制造商，以及响应城市的逆迁移计划（City's Anti-Displacement Plan）。

在丹佛，里高联合体致力于改善和保护现有住房，并建造新的可支付住房，鼓励零售业并支持小型企业，培育建造图书馆和其他社区资产，增加居民在规划过程中的参与度，并面向低收入人群提供更易获得和可支付的公共交通服务。

巴尔的摩的社区福利协议（CBA）已针对该市的红线轻轨系统（Red Line LRT System）进行了谈判。社区福利协议包括一系列目标和战略，以创造就业机会，发展经济，维护可支付住房以及对受到轻轨影响的低收入社区进行投资。2009 年，70 家企业和组织签署了该协议。它没有法律约束力，却是公认的成功案例。

在亚特兰大，2016 年通过的一项条例旨在促成亚特兰大都市区快速运输局和亚特兰大环线的共享计划并在其各种交通项目中开展合作，包括确保雇用低收入居民从事建筑项目，少数族裔或女性所掌管的公司会收到很大一部分项目订单。法令中规定的社区福利协议旨在引导部分建设资金流向历史上未从交通基础设施项目中受益的人群。然而，该条例是咨询性的，并不具备监管权。

4.2.6 获得上级政府支持

包括多伦多、蒙特利尔和阿纳姆 - 奈梅亨在内的案例研究显示，与上级政府关系薄弱或无法获得稳定资金，将导致 TOD 难以实施。TOD 若想在经济层面可行，必须获得多层级政府的资助，但我们从荷兰的 TOD 实践者那里了解到，他们缺乏与国家政府的联系。很少有成功获得州或联邦政府支持的案例；在这一领域取得成功的案例（如那不勒斯）非常少见。若试图将公平性因素整合到 TOD 中，欠缺与政府的联系是一项重大挑战。

在马里兰州，紫线走廊联盟（PLCC）的成员包括社区官员、非营利组织和拟建的 25km 轻轨线路沿线的企业。紫线走廊联盟的成立旨在为人们提供可支付住房、小型企业孵化器以及纳入在历史规划过程中难以惠及的社区。主要成果之一是《紫线合同》，这是一份非约束性的"意向声明"，该声明定义并支持了走廊的发展目标：维护可支付住房、支持小型企业以及为当地人提供工作机会。兰利公园（Langley Park）位于拟建轻轨线路的沿线，是一个工人阶级聚居的多元文化社区，得到了州政府的特别关注。它被马里兰州指定为可持续社区，是 2012 年参与社区改造倡议的 6 个县之一，该倡议的重点是改善社区福祉的关键指标，包括应对经济健康、公共安全和教育挑战。2014 年，该社区被选入联邦教育承诺社区规划拨款项目，该项目将改善公立学校系统，新建一所双语高中，并成立一个社区组织，负责新建和维护获得可支付住房、提供足以维生的就业机会以及扶持地方企业。地方组织还从美国劳工部获得资金，以帮助小企业在紫线轻轨建设期间进行调整，并从住房和社区发展部获得拨款，用来制定社区的可支付住房策略，为紫线的建设做准备。

伦·阿曼（Lung-Amam）等人还指出，当社区中只有很少的土地或住房是公共所有、居民拥有或具有补贴时，保护可支付住房将非常困难；90% 的小企业主没有属于自己的办公楼，租约将在未来 10 年内到期。这个社区也处于一个尴尬的境地，因为它位于市政府和两个县政府交界处的非建制地区，这两个县政府在维护和新建可支付住房以及保护小型企业方面的利益相关程度不尽相同。作者坚持认为，"讽刺的是，兰利公园位于两县之间的边界上，两边的状况对比鲜明，这种尴尬处境可能反而会让它受益"，因为若非如此，两县之间关于公平性的倡导努力和对话可能永远不会发生。马里兰州国家首都公园和规划委员会是一个涵盖两县的区域组织，它提供了框架，推动这些协作式的规划解决方案和策略。华盛顿特区政府委员会（Metro Washington Council of Government，MWCOG）还向住房和城市发展部提交了一份由众多利益相关方发起倡议的拨款申请，旨在为该地区推动公平的 TOD 的全面计划提供资金。华盛顿特区政府委员会的提议最终没能得到资金支持，但其"面向 2040 的区域交通规划"旨在鼓励围绕公共交通系统推进混合收入人群的共同发展，振兴乔治王子县的经济，特别是在固定路线公交系统的周边区域。

4.3
结论

　　将我们对国际城市区域的比较置于不同的案例语境中，必然会得出不同的结果。因此，本章着重介绍我们所研究的 11 个案例之外的成功实施 TOD 理念的案例及其他关键因素。本研究完成于 2014 年，当时公平的 TOD（eTOD）方法还处于起步阶段。从那时起，美国城市就率先确保提高社区居民从 TOD 获益的水平，减少 TOD 的负面影响。社区组织在重塑 TOD 规划流程以满足社区的独特需求中发挥了重要作用。本章中介绍的许多工具和策略对读者而言并不陌生。然而，它们在再分配规划流程中的应用目前还是只此一家，对于尚未考虑 TOD 对社区负面影响的交通规划师与工程师来说，这或许是个全新的领域。

参 考 文 献

Bardaka, E., & Hersey, J.（2018, June 15）. *Transit-oriented development is more transit-oriented when it's affordable housing.* TransitCenter. Accessed 11 Dec 2019.

Carlstedt, M., & Washburn, O.（2019, February 5）. *$15m equitable transit-oriented development launched.* Building Indiana. https：//www.buildingindiana.com/15m-equitable-transit-oriented-development-launched. Accessed 3 Apr 2019.

Chapple, K., & Loukaitou-Sideris, A.（2019）. *Transit-oriented displacement or community dividends?* Cambridge, MA/London：MIT Press.

Chemtob, D.（2019, April 15）. New rules for development near Charlotte transit may help affordable housing too. *Charlotte Observer.* https：//www.charlotteobserver.com/news/business/biz-columns-blogs/development/article229273054.html. Accessed 29 July 2019.

City of Milwaukee.（2018）. *TOD connects：Equitable growth through transit-oriented development. A neighbourhood plan for Walker's Point（Draft）.* Milwaukee：City of Milwaukee.

City of Omaha. (2019a). *Transit oriented development (TOD) initiative.* City of Omaha website. https：//urbanplanning.cityofomaha.org/master-plan/48-long-range/103-transit-oriented-development. Accessed 31 July 2019.

City of Omaha. (2019b). *Transit oriented development guide：Park Avenue ORBT station.* City of Omaha. Draft April 11, 2019.

City of Omaha. (2019c). *Transit oriented development guide：35th/22rd Street ORBT station.* City of Omaha. Draft April 11, 2019.

Enterprise Community. (2018). *Denver Regional TOD Fund.* Enterprise Community website. https：//www.enterprisecommunity.org/financing-and-development/community-loan-fund/denver-regional-tod-fund. Accessed 2 Dec 2018.

Espeseth, D. (2017). *Equitable TOD in Halifax：Exploring rental housing strategies and partnerships in transit-oriented developments* (Masters independent study project). Halifax：School of Planning, Dalhousie University.

Federal Transportation Administration. (2017). *Transit-oriented development technical assistance：Selected projects.* https：//www.transit.dot.gov/funding/funding-finance-resources/transit-oriented-development/transit-oriented development.Accessed 2 Nov 2018.

Grimshaw, J. (2019, January 29). *Chicago's latest ordinance expands eTOD.* Centre for Neighbourhood Technology blog. https：//www.cnt.org/blog/chicago%E2%80%99s-latest-ordinance-expands-etod. Accessed 2 Feb 2019.

Grube-Cavers, A., & Patterson, Z. (2015). Urban rapid rail transit and gentrification in Canadian urban centres：A survival analysis approach. *Urban Studies,52*(1), 178–194.

Jannene, J. (2018, October 23). *New development plans for streetcar.* Urban Milwaukee. https：//urbanmilwaukee.com/2018/10/23/eyes-on-milwaukeenew-development-plans-for-streetcar/. Accessed 11 Dec 2018.

Jones, C. (2015). *Transit-oriented development and gentrification in Metro Vancouver's low-income SkyTrain corridor.* Toronto：Cities Centre, University of Toronto.

Lung-Amam, W., Pendall, R., Scott, M., & Knaap, E. (2014, October). The promise and challenge of equitable transit-oriented development in diverse suburbia. In *Paper presented at transit, development and Forme Urbaine：Washington et Paris symposium*. Washington：DC.

Mueller, E. J., Hilde, T. W., & Torrado, M. J.（2018）. Methods for countering spatial inequality：Incorporating strategic opportunities for housing preservation into transit-oriented development planning. *Landscape and Urban Planning, 177,* 317–327.

Pendered, D.（2016, October 2）. *Atlanta City Council back on track with social equity for transportation sales taxes.* Saporta report. https：//saportareport.com/atlanta-city-council-back-track-social-equity-transportation-sales-taxes/.Accessed 11 Dec 2018.

Pollack, S., Gartsman, A., Benedict, A., & Wood, J.（2014）. *Rating the performance of station areas for effective and equitable transit-oriented development.*

Paper presented at Transportation Research Board annual meeting, Washington, DC, January 12–16, 2014.

Poverty and Race Research Action Council.（2015）. *Equitable transit oriented development*：*Examining the progress and continued challenges of developing the affordable housing in opportunity and transit-rich neighbourhoods.* Civil Rights Research Report.

Renne, J. L., Tolford, T., Hamidi, S., & Ewing, R.（2016）. The cost and affordability paradox of transit-oriented development：A comparison of housing and transportation costs across transit-oriented development, hybrid and transit-adjacent development station typologies. *Housing Policy Debate, 26*（4–5）, 819–834. https：// doi.org/10.1080/10511482.2016.1193038.

Sandoval, G. F.（2016）. *Developing a model for transit oriented development in immigrant communities*：*A national study of equity and TOD.* Portland State University：Transportation Research and Education Center（TREC）. https：//doi. org/10.15760/trec.160

Sandoval, G. F.（2018）. Planning the barrio：Ethnic identity and struggles over transit-oriented, development-induced gentrification. *Journal of Planning Education and Research.* https：//doi.org/10.1177/0739456X1879371.

TransitCenter.（2018, February 2）. *Affordable housing*：*A next frontier for transit?* TransitCenter. http：//transitcenter.org/2018/02/06/a-next-frontier-fortransit/. Accessed 11 Dec 2018.

TOD

第 **5** 章   结语

摘要：许多国家的城市／区域普遍都依赖着汽车无序扩张，而长期以来，TOD 被认为是将这些区域重新打造为更密集的轨道地区的一项关键要素。这一概念现已经远远超过轨道车站的范畴，发展到了对走廊以及多种交通方式网络的整体规划设计，这其中不仅仅只围绕公共交通运输系统（如重轨、轻轨、快速公交、局部公交）展开设计，还围绕步行与自行车展开设计。但是 TOD 并不是解决大城市交通问题的灵丹妙药，它也面临着诸多挑战，如本地居民与企业的迁移。尽管 TOD 的实施仍面临挑战，我们依然希望我们列出的关键成功因素和规模排名有助于在任何地区成功实现 TOD。正如我们荷兰的同事所倡议的那样，作为一个政策概念，TOD 可用作一个团结人们的愿景，在这个故事中有永续的交通、健康的人居、繁荣的当地经济、协调的战略规划以及参与其中的城市居民。

关键词：发展，城市，区域，实施，规划工具

TOD 模式对城市与区域有诸多潜在利好：沿固定路线、高频次公共交通的高密度开发可以有效利用基础设施，提高公共交通客流量，从而减少交通拥堵和空气污染，并使当地经济在项目建设期和完工后创造

的就业岗位中受益。

但是，TOD 也有其自身面临的诸多挑战。过于复杂的开发过程、财务与施工难题以及当地居民和企业迁移等一些负面影响也是 TOD 的特征。这正说明了从已经建成的案例中总结经验的必要性，这其中有成功的案例，也有还在努力吸引新的商业、居民或就业的案例。

本书总结了我们在荷兰阿姆斯特丹大学 2012—2014 年间的深入研究——11 项国际案例研究的元分析，其中包括元矩阵、粗糙集分析和对政策移植的研讨，这些内容也已经在一些学术期刊的文章中进行了详细讨论。在此基础上，本书更加深入地讨论了 TOD 及其优势与挑战，特别是第 1 章与第 4 章，增加了我们当时研究中没有考虑到的最新文献与问题。

各个城市与区域已经出台了 TOD 的规划与政策以支持沿现有和未来公共交通线路沿线的密集区域开发，在地方区划法规和细则中也引入了支持 TOD 的工具，并为车站区域和主要街道制定了规范的设计导则。由于需求密集，城市居民对步行可达范围内的商店和服务要求增多，在许多公交服务的城市和郊区中有大量的填空开发机会。像美国、加拿大和澳大利亚这样的国家，有大量的土地用于开发、以汽车为导向的土地使用模式，并且主要是由市场化的私营部门开发（如房产开发），因此有必要制定一些规划激励措施。即使是在欧洲、亚洲以及其他建筑密集、以轨道为导向开发的国家，他们的公共部门参与度更高，诸如容积率奖励、税收优惠、降低停车率和密度奖励等工具也能使公共交通基础设施附近的土地对开发商更具吸引力。国际上有很多成功的 TOD 实例，但是有多少城市和地区已经成功地将发展模式从汽车转向高黏性的公共交通？多少人看到了因交通模式转变而带来空间污染和交通拥堵的显著下降？又有多少人在不造成居民 / 企业迁移的同时受益于当地经济？

　　显然，TOD 的实施仍然存在诸多挑战，特别是当规划师、政治家和公务员在本国没有解决政策的案例时，或者本国缺乏政策发展的研究专家，缺乏向其他国家学习已有的实践经验时。复制与我们自身的政治、社会和地理环境相似的地方的政策，这一构想可能很诱人，但将这些构想作为学习和启发的来源似乎更为有效。否则，我们就有可能会不完全或不恰当地复制政策构想。荷兰的情况表明，TOD 的某些部分作为一项政策概念（例如，车站地区高密度和混合用途的开发）已应用于荷兰，然而开发过程的必要特征（例如，强有力的参与主体联系、尝试意愿、公众参与度）仍旧缺乏。缺少这些特征在一定程度上加剧了实施中持续性的挑战：TOD 仍被视为一个基础设施的概念，在用地规划师、政治家、社会学家、经济学家、城市学家或公众之间的传播或讨论还未达到关键水平。

　　研究 11 个城市／区域的案例时，我们希望制定一份有助于在世界任何地区成功实施 TOD 的要素清单。尽管有所托大，但我们相信，这 16 个关键的成功因素可以帮助我们了解一个地区特殊的优势与劣势：

　　1）政策一致性。

　　2）愿景稳定性。

　　3）政府支持。

　　4）国家政策稳定性。

　　5）地方政策稳定性。

　　6）参与主体联系。

　　7）区域土地使用 – 交通管理机构。

　　8）城市间竞争。

　　9）多学科背景的实施团队。

　　10）公众参与度。

11）公众接受度。

12）关键远见者。

13）因地制宜的规划工具。

14）区域层级 TOD 规划。

15）开发商的确定性。

16）实践的意愿。

使用五分制排名量表，规划师、工程师、开发商、社区成员以及其他利益相关方可以评估自己所在的区域，共同决策未来的工作重心。这项进程，再加上主要参与者之间的非正式会议，以及为使公众参与并赢得公众认可而做出的协调努力，将加强关系并建立协作实践，造福所有地区。

由于我们的研究发现与选择的研究案例直接相关，包括从元矩阵中推导出的关键成功因素，这些因素不可避免地带有当地特征，所以我们还列举了其他背景下（尤其是美国）对 TOD 持续关注的案例。美国城市已成为解决 TOD 负面影响的领路人，例如当地居民迁移、当地商业受施工影响而中断经营、新开发项目未能为当地人提供就业与服务等。由于运输机构高度依赖低收入、少数族裔、青年、老年人和外来人口，以保持较高的乘坐率，解决这些影响的努力不仅使运输机构受益，而且还能让公平性 TOD（eTOD）中使用的许多工具和策略解决一直存在的障碍，例如公共交通附近的土地成本高昂、公众反对以及对高密度混合用途开发的区划／管控障碍。

运输当局和地方规划组织可以使用多种工具（例如美国的住房＋交通指数）来了解哪些社区更易损失可支付住房，然后购买或让购买这些地区的土地变得简单，从而为当地的低收入人群量身定制今后的住房和社区服务。来自夏洛特、洛杉矶和密尔沃基等不同城市的案例解释了规划法规，例如 TOD 区和覆盖区，在车站地区开发中对可支付住房的要求，以及对可支付住房的密度奖励。在圣地亚哥、奥克兰、丹佛、巴尔的摩和亚特兰大等城市，已经开发出合作实践，促进社区福利协议、社区主导的发展以及反映种族和低收入人群需求的邻里计划。甚至有可能像马里兰州那样，利用公平性考虑来争取上级政府对弱势社区的支持，或者因为在 eTOD 方面大获成功，让该地区成为全国成功的典范，就像在弗鲁特维尔（奥克兰）发生的那样。

　　TOD 模式不仅仅是在轨道车站建造高层建筑。正如我们荷兰的同事所倡议的那样，TOD 是一个政策概念，能够成就一段与公众共创的佳话，在这个故事中有永续的交通、健康的人居、繁荣的当地经济、协调的战略规划以及参与其中的大众。我们希望读者朋友们可以以此书为指导，结合自身背景的独特性，书写属于自己的故事。